U0165205

孟山都的转基因之战

[美] 卡琳·E. 佩沙尔 著 李天蛟 译
Karine E. Peschard

Seed Activism

Patent Politics and Litigation in the Global South

中国科学技术出版社
·北 京·

Seed Activism: Patent Politics and Litigation in the Global South by Karine E. Peschard,
ISBN: 9780262544641

First printed by MIT PRESS.

北京市版权局著作权合同登记 图字：01–2024–0323。

图书在版编目（CIP）数据

孟山都的转基因之战 /（美）卡琳 · E. 佩沙尔（Karine E. Peschard）著；李天蛟译 . — 北京：中国科学技术出版社，2024.6

书名原文：Seed Activism：Patent Politics and Litigation in the Global South

ISBN 978–7–5236–0580–6

Ⅰ . ①孟… Ⅱ . ①卡… ②李… Ⅲ . ①转基因食品—食品工业—跨国公司—研究—美国 Ⅳ . ① F471.268

中国国家版本馆 CIP 数据核字（2024）第 059806 号

策划编辑	方　理	**执行编辑**	由云静
责任编辑	方　理	**版式设计**	蚂蚁设计
封面设计	周伟伟	**责任印制**	李晓霖
责任校对	焦　宁		

出　　版	中国科学技术出版社
发　　行	中国科学技术出版社有限公司发行部
地　　址	北京市海淀区中关村南大街 16 号
邮　　编	100081
发行电话	010–62173865
传　　真	010–62173081
网　　址	http://www.cspbooks.com.cn

开　　本	880mm × 1230mm　1/32
字　　数	151 千字
印　　张	8.25
版　　次	2024 年 6 月第 1 版
印　　次	2024 年 6 月第 1 次印刷
印　　刷	北京盛通印刷股份有限公司
书　　号	ISBN 978–7–5236–0580–6 / F · 1232
定　　价	69.00 元

（凡购买本社图书，如有缺页、倒页、脱页者，本社发行部负责调换）

致我的父母

以及所有那些年复一年辛勤播种的人们

我们需要制止和质疑知识产权的大肆扩张。

——1999 年《联合国人类发展报告》

丛书前言

《孟山都的转基因之战》是“粮食、健康与环境”丛书的第二十本书。这套丛书从全球与地区视角考察粮食系统，探讨渠道、社会、环境、粮食等方面的公正以及社区福利问题。丛书所包含的作品关注了粮食种植、生产加工、分配、销售与消费的方式和地点，探讨了权力与控制、社会运动与组织策略，以及粮食系统的选择与结果所包含的健康、环境、社会、经济等因素。《孟山都的转基因之战》提出，相关问题的重点不仅仅在于粮食安全与福利，还涉及经济、政治、文化因素以及地区、国家与国际政策方面的选择。“粮食、健康与环境”丛书为读者提供了一扇窗，展示了相关的公开讨论、各类现有论述以及多种学科的观点，这些内容使得粮食系统及其与健康、政府之间的关系成为非常重要的研究课题，以及社会与政策改革方面的话题。

罗伯特·戈特利布（Robert Gottlieb），**西方学院**

内文·科恩（Nevin Cohen），**纽约市立大学公共卫生研究生院**

致谢

本书得到了瑞士国家科学基金会的资助，时任日内瓦国际与发展研究生院阿尔贝特·赫希曼民主中心主任的沙利尼·兰德里亚（Shalini Randeria）为本书进行了协调。没有沙利尼的支持和指导，就没有本书。

同样感谢阿尔贝特·赫希曼民主中心的执行主任克里斯蒂娜·卢特林格（Christine Lutringer），我非常高兴能够与她共事。感谢公共卫生研究生院各位同事的陪伴和交流，特别感谢克里斯托夫·戈利（Christophe Golay）和夏拉·塞西亚·加尔文（Shaila Seshia Galvin）。感谢迭戈·席尔瓦（Diego Silva）和阿迪勒·哈桑·卡恩（Adil Hasan Khan）为研究工作提供的协助，特别感谢迭戈持续参与了本次研究项目。研究生院的很多同事都以各种方式为本书提供了支持和帮助，感谢他们。特别感谢吉莱纳·沃顿（Ghislaine Wharton）和坦梅提玉（Thanh Mai Thi Ngoc）为我解答了各种疑问，熟练地处理了各类行政问题。

德里社会科学中心从属于法国国家科学研究中心国际研究网络，也是我在印度开展研究时的知识家园。感谢布鲁诺·多林（Bruno Dorin）、帕鲁尔·班达里（Parul Bhandari）等各位同事。同样感谢尤盖希·帕伊（Yogesh Pai）在创新、知识产权与竞争中心的热情接待，以及为我提供了在德里国家法律大学任教的机会。

在巴西方面，感谢可持续发展中心的各位同事，感谢传统民族和地区可持续发展专业硕士，特别感谢莫尼卡·诺盖拉（Mônica Nogueira）、塞尔吉奥·索尔（Sérgio Sauer）以及加夫列拉·利特雷（Gabriela Litre）。感谢加尔西奥·阿尔梅达（Jalcione Almeida），他是多年前热情迎接我加入巴西学术界的第一人。感谢帕特利夏·古拉特·布斯塔曼特（Patrícia Goulart Bustamante）的热心支持。感谢何塞·科代罗·德阿劳霍（José Cordeiro de Araújo）一直乐于分享巴西立法程序方面的知识和经历。

感谢所有慷慨帮助我组织实地考察与采访的人士。在印度，感谢马利什·K. R.（Mallesh K. R.）和苏里亚纳拉亚那·阿杜尔（Suryanarayana Addoor）陪同我来到卡纳塔克邦乌杜皮并担任翻译。在巴西，感谢法蒂玛·布雷索林（Fátima Bresolin）和艾利塞特·克龙鲍尔·欣茨（Elisete Kronbauer Hintz）特意为我组织了对南里奥格兰德州大豆生产企业的采访。加夫列拉·佩西拉纳（Gabriela Pechlaner）曾说过，对审理过程中的诉讼开展研究关乎信任。由衷感谢那些愿意接受采访的人士，他们通常要求匿名。

感谢多年来与我进行过交流的同事和朋友，他们的参与至关重要，为我提供了灵感源泉。特别感谢巴勃罗·拉佩尼亚（Pablo Lapegna）、马克·埃德尔曼（Marc Edelman）、梅瓦·蒙特内格罗（Maywa Montenegro）、拉莎·吉希努（Latha Jishnu）、戴维·杰斐逊（David Jefferson）、马修·坎菲尔德（Matthew Canfield）、苏珊娜·查普曼（Susannah Chapman）。由衷感谢阮荣金（Vinh–Kim Nguyen）的陪伴、指导和多年来提供的宝贵建议，以及普丽西拉·克拉埃斯（Priscilla Claeys）的友好配合与鼓励，她帮助我理解了这本书探讨的一些话题。

2018 年 5 月，研究生院在瑞士国家科学基金会的资助下举办了主题为“种子行动主义：全球视角”的研讨会。与会的种子领域专家与活动人士在研讨过程中提出了很多宝贵意见，丰富了这本书的内容。这次研讨会促成了我有关种子行动主义的专文发表，感谢尤恩·博拉（Jun Borras）为此文在《农民研究杂志》（*Journal of Peasant Studies*）的发表提供支持。

我在几次学术会议上展示了本书的相关内容，并收到了意见反馈。这些会议包括 2015 年法律多元研究会国际会议、2016 年国际会计准则理事会知识共享专题会议、2018 年社会运动与民间社团法律应用会议、2018 年金砖国家农业研究倡议大会，以及 2019 年美国人类学学会年会。

感谢那些在各个阶段阅读或点评本书的提纲和手稿的人

士。汉娜·吉尔伯特（Hannah Gilbert）、雨果·哈迪（Hugo Hardy）、马克·埃德尔曼（Marc Edelman）、巴勃罗·拉佩尼亚（Pablo Lapegna）、普丽西拉·克拉埃斯（Priscilla Claeys）、萨拉·鲁格内塔（Sarah Rugnetta），以及阮荣金曾在本书的起步阶段提供了反馈和鼓励。巴勃罗·拉佩尼亚（Pablo Lapegna）、迭戈·席尔瓦、塞利姆·罗阿菲（Sélim Louafi）、达妮埃莱·曼泽拉（Daniele Manzella）为特定章节提供了反馈。同样感谢沙利尼·兰德里亚（Shalini Randeria）协助充实了本书中的很多论点。特别感谢杰克·克洛彭堡（Jack Kloppenburg）慷慨同意对全部手稿进行阅读和评论。最后，感谢诸多匿名评论人士提出了富有见地和建设性的建议。我个人将为所有可能存在的差错负责。

本书初稿很长，塔米·帕尔（Tami Parr）帮助我对稿件进行了整理，最终才有了现在的《孟山都的转基因之战》。感谢我的母亲马蒂娜·埃洛伊（Martine Eloy），她一直都是我的第一位读者，感谢她的娴熟编辑。感谢科亚·怀特（Keya White）和伊莎贝尔·维贝（Isabel Wiebe），他们在排版和参考资料方面为我提供了很多帮助。同样感谢劳拉·波特伍德–斯塔瑟（Laura Portwood–Stacer）的宝贵帮助，她为我提供了学术出版方面的指导。

麻省理工学院出版社“粮食、健康与环境”丛书联合编辑罗伯特·戈特利布和内文·科恩为本书提供了热情支持。

感谢麻省理工学院出版社团队的安东尼·赞尼诺（Anthony Zannino）、马西·罗斯（Marcy Ross），以及凯特·C. 埃尔韦尔（Kate C. Elwell）。同样感谢克里斯蒂娜·马拉（Christine Marra）、马克·伍德沃思（Mark Woodworth）和劳拉·普尔（Laura Poole）的精心编辑和校对。

瑞士国家科学基金会为本书研究工作提供了慷慨的资助，为本书的开放存取发表提供了支持，在此表示感谢。

本书所包含的一部分材料出自下列作品，已获得授权：

Karine Peschard and Shalini Randeria. 2020. Taking Monsanto to court: Legal activism around intellectual property in Brazil and India. *Journal of Peasant Studies* 47(4): 792–819.

Karine Peschard and Shalini Randeria. 2019. Regimes proprietários sobre sementes: Contestação judicial no Brasil e na Índia. In *Desenvolvimento e transformações agrárias: BRICS, competição e cooperação no Sul Global*, ed. Sérgio Sauer. São Paulo: Outras Expressões.

最后，衷心感谢我的家人和朋友们，感谢他们一直以来的支持。感谢我的爱人杜尔瓦尔·路易斯（Durval Luiz），感谢他对我付出的爱和坚定的支持。感谢我的孩子诺亚（Noah）和马亚（Maya），他们对于妈妈发表作品的热情是我在困惑时的动力。

CONTENTS 目录

引言

INTRODUCTION

土地朝圣

2004年8月下旬的一天，位于巴西南部的巴拉那州科鲁兹·马查多镇弥漫着一种异常高涨的热情。这个小镇由波兰移民建于20世纪初，约1.8万人，绝大多数都居住在乡村。当天，第19届年度土地朝圣活动的参与者超过了2万人。土地朝圣活动是一种带有政治意味的宗教活动，组织方为天主教巴西牧区土地委员会（Comissão Pastoral da Terra，CPT）。清晨薄雾蒙蒙，大批现代朝圣者乘坐大巴，自巴拉那州各地蜂拥而至。本年的活动主题为“种子是上帝的承诺，我们的遗产”（图0.1）。

开幕式内容异彩纷呈，第一个活动流程是为农民挑选出的数百类种子祈福。这种仪式起源于天主教传统，构成了巴西社会活动的核心内容。开幕式包括歌唱、舞蹈、戏剧、诗歌、祭祀等各类艺术表演与戏剧表演，旨在重申特定的身份

图 0.1 “种子是上帝的承诺，我们的遗产。”2004 年巴西巴拉那州，土地朝圣活动

和价值，同时为活动参与者提供归属感。[1]这些仪式中的主题和象征是常见的，但传统本身却在不断被重新创造。

在活动现场，一队农民身缚锁链，弓腰背负着一袋袋种子，穿过肃静的人群。种子袋上印着在种子和农用化学领域占主导地位的跨国公司的标志，这些公司包括阿斯利康（先

---

[1] 不同的社会运动有各自的标语、主题曲以及标志，比如，小农的标志为草帽，失地农民的标志为红色帽子，农妇的标志为淡紫色围巾。

正达）[1]、巴斯夫（BASF）、拜耳、杜邦、孟山都等。

随后，这些农民毅然卸下了身上的锁链和袋子，付之一炬。人们排成长队，开始向城外的一片空地行进，开启了有关丰收和播种的庆祝活动，活动为期一天。

后来我才了解到，活动现场的生动表演所包含的主题涉及我在接下来十五年时间里研究工作的核心内容，包括植物品种知识产权制度的强化、全球生物技术行业的整合、农业生物多样性的侵蚀，以及底层农民遭受的剥削等。除了我在科鲁兹·马查多小镇目睹的仪式性反抗活动，诸多农民工会、民间社会活动人士以及种子公司也开始诉诸法律手段，针对大公司的知识产权行动发起挑战。他们尤其质疑孟山都公司为收取特许权使用费而设立的专利与私有知识产权制度的合法性。这些特许权使用费针对的是巴西的抗农达转基因大豆，以及印度的 Bt 棉花和 Bt 茄子。这一类私有知识产权制度使巴西和印度在植物品种保护和农民权利方面的立法变得毫无意义。

知识产权在世界贸易组织（WTO）全球贸易体制的余波中出现了向农业领域的扩展。这些诉讼案件迫使巴西和印

---

[1] 2000 年，阿斯利康公司与诺华公司合并了各自的农用化学产品业务，成立了先正达公司。先正达公司于 2015 年被中国化工集团公司收购。

度的法院首次开始应对相关的复杂法律问题。

本书认为，这些诉讼案件代表着全球南方农业领域对企业知识产权制度发起了挑战。尽管司法过程中出现了一些起伏，但目前的案件判决最终动摇了具有主导地位的先例，预示着全新法律常识的出现，包括与植物相关的发明项目的专利性，以及知识产权、农民权利和公共利益之间的平衡。

在圈地与行动主义之间的种子

种子是一种极具吸引力的研究对象。[1] 作为食物链的第一个环节，种子构成了人类粮食供应系统的基础，具有非常重要的物质意义和象征意义。我们可以通过世界各地庆祝播种与丰收的各种古老仪式看到这一点。在今天，种子跨越了微观世界与全球进程之间的界限。这里的微观世界包括分子生物学和全新的遗传学等领域，而全球进程包含了跨国农民动员、全球知识产权与环境政策，以及全球资本等。

20 世纪 80 年代中期，种子基因工程几乎在所有层面引发了一系列复杂的问题，包括科学、法律、社会经济、生态、健康以及伦理等领域。本书将主要关注种子专营与社会

[1] 本书使用“种子”一词指代可用于培育植物的各类生物结构，比如种子、籽苗、扦插枝条等。

正义方面的内容。[1]事实上，植物基因工程的发展与种子与日俱增的私有化进程、全球种子和农用化学产业的合并进程几乎同步（Howard，2015）。1996年，转基因作物首次实现商业化，全球排行前10名的公司控制了全球种子市场大约40%的份额（RAFI，1997）。到了2006年，上述市场份额改由3家公司掌控。其中，规模最大的孟山都公司控制了20%的市场份额（ETC集团，2007）。2018年最新一轮的超级合并之后，4家公司控制了全球专营种子销售超过60%的份额。[2]相比之下，寡头市场的衡量基准为40%。这4家公司分别是拜耳–孟山都、科迪华（前身为陶氏杜邦）、中国化工–先正达，以及巴斯夫公司（Howard，2018）。[3]

种子专营产业与农业化学工业开始紧密联系在一起。由于种子产业至关重要，这种前所未有的企业集中度引发了人们对于相关问题的严重关切，包括农业生物多样性遭受侵蚀、农民的权利和生计、粮食安全，以及把知识产权扩展到

---

[1] 由于相关行业存在“扶贫技术”的语境，对生物技术作物的专有层面进行严格审查显得尤为重要。参见斯通作品（Stone，2002）与格洛弗作品（Glover，2010a、2010b）。

[2] “专营种子”指的是受知识产权保护的品牌种子品种。

[3] 这4家公司通过签订知识产权和研发方面的交叉许可协议，巩固了各自的市场地位。参见可持续粮食系统国际专家组（IPES-Food，2017）。

植物等高级生命形式的有益之处等。

在今天，两种形式的植物知识产权保护制度并存，分别为专利和植物育种者权利（又称“植物品种保护”）。二者在主题、资格要求及范围方面存在差别。专利针对已获取专利的产品或工艺，为专利权人授予制造、使用或销售方面的排他性权利，时效通常为20年。一项发明如果具有新颖、实用和非显而易见的特性，就可以获得专利。根据世界贸易组织（WTO）的相关贸易政策，微生物与微生物生产工艺必须符合专利保护方面的要求。

20世纪40年代，一些欧洲国家首先提出了植物品种保护。与专利相比，这种保护形式更适用于农业的特性和新植物品种的传播。植物品种保护把某一植物品种作为一个整体进行了保护，同时也保护了植物品种的繁殖材料。某一品种必须符合新颖、独特、一致性和稳定性方面的要求（所谓的“DUS”标准），才能获得植物品种保护。[1]值得注意的是，与专利相比，植物品种保护包含了一些对育种者所享有的排他性权利的豁免：受保护的植物品种可用于实验目的，也可作为开发新植物品种的变异来源（即研究和育种方面的豁

[1] 植物品种保护方面的“DUS”标准要求该植物品种与其他品种不同（“独特性”），可一致表达该植物品种所具有的特征（“一致性”），相关特征不会随代际而产生变化（“稳定性”）。这里的“新颖”指的是相关品种为市场上出现的新产品。

免）。农民也可以对受到保护的植物品种进行使用、保存和交换，无须植物育种者授权。根据相关业界的表达方式，这一类豁免属于“农民的特例”或者“农民的特权”。然而表达方式非常重要，各类农业运动强烈主张，保存种子是一种权利，不应归为可能遭到剥夺的“特例”或者“特权”。另外，随着时间的推移，农民豁免权遭到了极大的削弱，植物育种者享有的权利逐步接近专利权人所享有的权利。出现这种现象的原因包括限定种子保存数量，或把豁免权限定在特定作物种类等。

杰克·克洛彭堡的经典作品《处于首位的种子》（*First the Seed*，Jack Kloppenburg，1988，2004），从政治经济学视角对种子和植物育种展开了研究。这部作品激励了整整一代研究人员，包括我自己。克洛彭堡指出，在大部分农业历史中，农民均可自由生产、培育并交易种子。种子具有自我繁衍的特征，对资本积累造成了阻碍。20 世纪 30 年代的农作物杂交技术和 80 年代的基因工程在农业生物技术领域引发了变革，对农民保存种子的能力造成了限制，使资本得以在农业资本化过程中克服来自社会和生物学层面的障碍。

实现种子商品化的第一种技术为杂交。杂交选用两种异花授粉的近交系植物。与亲本系植物相比，通过近交系植物培育的作物在大小、生产能力、繁殖能力和产量方面具有优势。奇怪的是，对于这种被称为“杂交优势”的生物学现象的遗传学原理，人们至今尚未达成共识。杂交优势在此后的几代作物中会呈现下降趋势，因此农民必须每年重新购买种子。棉花、玉米和水稻适合杂交，而大豆等作物不适合杂交。从资本主义的观点来看，杂交是一种不完美的商品化形式。随着植物育种者权利的出现，杂交成为种子产业的产生标志。

促进种子商品化的第二种主要技术为植物基因工程。这种技术脱离了细胞层面，主要集中于分子层面，因而与传统的植物育种存在差别（Krimsky，2019）。基因工程通过重组 DNA 的方法为活体细胞引入了外源 DNA，为克服生物繁殖障碍提供了可能。[1]技术发展在种子商品化的过程中发挥了关键作用，但作用仅限于与知识产权制度变化密切相关的范围（Kloppenburg，2004）。随着基因工程的出现，与专利相关的法律首次将那些作为自然产物的生命形式划分为人类的发明。而排他性植物专利权的扩张进一步刺激了种子专营产业在全球范围内的扩张与合并。

到了今天，农业公司开始脱离种子销售业务，逐步采用一种基于许可费和特许权使用费的商业模式。农民向公司交付技术使用费，“实际上是在种子交易中购买全新的基因”

[1] 关于传统植物育种与分子植物育种的详细差别，参见克里姆斯基作品（Krimsky，2019）第 1 章至第 3 章内容。

（Charles，2001，152）。通过这种方式，农业公司直接把种子基因授权农民使用。

20 世纪 80 年代，基因工程领域所取得的进步促进了生命形式专利的发展。1980 年的“戴蒙德诉查克拉巴蒂案”（Diamond v. Chakrabarty）具有里程碑式的意义，美国最高法院在判决中为生命形式的可专利性提供了法律支持。在案件中，能够代谢原油的基因工程细菌最初申请专利时遭到美国专利局的否决，理由是活体生物不具有专利资格。这种细菌的发明者是通用电气公司微生物学家阿南达·莫汉·查克拉巴蒂（Ananda Mohan Chakrabarty）。查克拉巴蒂提起上诉，美国最高法院推翻了下级法院的判决，认为生命形式有可能并非自然产物，而是属于人类的发明。此前，生命形式方面的专利一直被认为对知识产权法律造成了干扰，破坏了专利权制度（Dutfield，2008）。[1] 微生物能够申请专利之后，更加复杂的生命形式（比如植物）申请专利也就不再遥远。五年后，美国专利局在“希博德案”（Ex parte Hibberd，1895）中裁定植物育种者享有美国专利法的保护。

---

[1] 美国专利局曾在 1889 年的一起案件中驳回了松树纤维的专利申请。美国专利局在决议中写道，“如果批准这样的专利，那么森林中的树木和地球上的各类植物也可能获得专利。这显然是不合理且不可能的”（Beauchamp，2011，13）。

将专利权扩展到植物是一种前所未有的举动，很多灰色地带出现了相当棘手的问题。比如，植物基因能否申请专利，生物技术性状能否作为微生物获取专利，如何区分基因序列与所属植物，等等。另外，很重要的一个问题在于，如果一项发明涉及一种能够自我复制的生命体，那么用专利术语来讲，专利权人所享有的权利在什么情况下会出现“穷竭”？换句话来讲，专利权人会在植物生命周期的哪个阶段丧失排他性权利？

希博德案之后的几年，美国和加拿大的最高法院均受理了一些在知识产权领域极具代表性的案件。

在“阿斯格罗诉温特波尔案”（Asgrow v. Winterboer，1995）中，针对农民从受植物育种者权利保护的作物品种获取种子后向邻里出售的行为（一种被称为“牛皮袋销售”的常见做法），美国最高法院做出了严格限制，缩小了农民豁免权的范围。在“JEM 公司诉先锋良种公司案”（J.E.M. v. Pioneer Hi-Bred，2001）中，美国最高法院支持了有性繁殖的植物获取专利保护的权利。后来，美国最高法院认为，专利权穷竭原则不适用于自我复制技术。根据专利权穷竭原则，专利权人合法销售之后，将丧失对物品的使用和销售进行控制的排他性权利。也就是说，专利权人可针对连续几代种子享有排他性权利。根据“鲍曼诉孟山都公司案”（Bowman v. Monsanto，2013）的判决，农民如果保存了专利品种的种子，可能被诉侵犯专利权。[1]

在加拿大，大约同时期的一起诉讼案件吸引了全世界的关注。在“孟山都诉施迈泽案”中（Monsanto v. Schmeiser，2004），孟山都公司指控农民珀西·施迈泽（Percy Schmeiser）侵犯了本公司抗农达油菜籽的专利权。施迈泽拒绝了孟山都公司提出的庭外和解，因而名声大噪。施迈泽辩称自己从未种植过抗农达油菜籽，并主张他的农田此前已遭到意外污染。孟山都公司对意外污染这一说法持有异议。2004 年，该案件上诉到加拿大最高法院。法院以 5 ∶ 4 的投票结果做出判决，认为无论抗农达油菜籽以怎样的方式出现在施迈泽的农田中，无论出于基因污染或其他原因，孟山都公司均享有专利权，合法拥有施迈泽的土地上出现的基因。不过施迈泽不必向孟山都公司支付赔偿金，因为施迈泽没有通过农田中的抗农达油菜籽获利。事实上，施迈泽从未向自己的作物喷洒农达除草剂，因此没有利用这种油菜籽所具有的抗农达性状。

[1] 相关案件的详细探讨，参见青木作品（Aoki，2008）、波拉克作品（Pollack，2004）以及皮维作品（Peavey，2014）。

这个判决为专利权提供了有力支持。[1]法院认定，植物在加拿大不可申请专利，因此孟山都公司的专利权仅限那些赋予油菜籽抗除草剂特性的细胞和基因，而不涉及植物本身。不过法院接着认定，即便享有专利权的部分包含在不具专利性的物体之中，被告使用享受专利权的部分时仍然发生侵权，从而削弱了植物不具有专利性的论点。法官将此案类比于通过非专利结构进行组装的专利乐高积木。这种类比很容易忽略乐高积木不具有生命且无法繁殖的事实。这意味着，对转基因的专利赋予了专利所有者对植物的实际权利。

施迈泽案的判决在加拿大乃至多国具有里程碑式的意义。涉及知识产权和生物技术农作物的很多庭审案件均引用了这个判决。

法院判决的累积使农业领域前所未有的专有权利制度得到了巩固，将公司所享有的知识产权扩展到了含有专利性状的各类种子和植物。这些种子和植物在农业性状方面超越了

---

[1] 2004 年，加拿大最高法院对孟山都诉施迈泽案做出判决。这项判决仅以专利法为依据，没有考虑到与生物安全、环境责任和农民权利等内容相关的其他重要问题。这项判决遭到了广泛批评，有观点认为，最高法院的判决免除了企业在基因污染方面的各类责任和义务（Cullet，2005a）。加拿大最高法院认为，这些相关问题应由议会审议并根据审议结果修订《专利法》。

第一代，通过各类渠道获取的种子均享有专利。美国和加拿大的农业公司对生物技术农作物所享有的专利权，通过农民购买种子时签订的私人协议得到了补充。这种技术协议代表了一种重大转变。自此，农民不再享有种子的所有权，购买种子之后只能在有限的许可范围内使用种子，承诺种子的用途仅限定于单一的商业作物，不得保存或向他人赠送种子。这种对农民务农行为的私人监控，针对专利侵权行为发起的诉讼，以及对农民提出的起诉威胁，进一步阻碍了种子的保存和交换。加夫列拉·佩西拉纳（Gabriela Pechlaner）曾在她关于美国和加拿大诉讼案件的法律民族志（2012）中提出，农民很难针对丧失劳动成果控制权的现象提出异议。自1997年以来，孟山都公司在美国和加拿大的知识产权诉讼案件中连续胜诉。[1]

有人曾把种子知识产权的扩张比作现代情境下的圈地。在此过程中，“此前那些属于公共财产或‘不可商品化’的东西，乃至完全处于市场之外的东西，正在被全新或者进行全新扩张的产权所覆盖”（Boyle，2008，45）。从历史上看，第一次圈地运动将公共土地私有化并设置了围栏，此前习惯

[1] 自1997年以来，孟山都公司针对美国农民提起了147项专利侵权诉讼，并在9起受审案件中全部胜诉（Schapiro，2018）。在其他案件中，孟山都公司与被告达成了庭外和解。

性的使用权消亡（Wood，2000）。同样，种子知识产权的扩张代表了种子的私有化，消灭了农民为了下一年的播种而保存种子的做法，因此等同于剥夺了农民在种子方面的权利。[1]本书所提到的法律行动主义，对种子圈地运动试图剥夺的权利进行了重新主张。

在过去三十年左右的时间里，种子圈地运动以及农民权利和农业生物多样性遭受侵蚀的现象，刺激了种子行动主义的兴起（Fowler and Mooney，1990；Peschard and Randeria，2020）。这一时期出现了跨国农业运动，特别值得注意的是国际农业运动（La Via Campesina，Desmarais，2007；Edelman and Borras，2016），以及“粮食主权”的新范式。粮食主权要求围绕再小农化和再地方化原则，对粮食和种子系统进行彻底重组（Claeys，2015）。因此，种子行动主义包含了个人和集体层面的行动，从个人和集体两种角度捍卫与种子相关的权利。某些形式的种子行动主义已经吸引了媒体的广泛关注，包括法国“志愿收割者”（faucheurs volontaires）于2003年发起的铲除转基因作物活动，以及2013年至2015年世界各地举行的全球反对孟山都大游行等。

---

[1] 除知识产权外，其他机制同样直接或间接地促成了种子圈地运动的出现，特别是那些制定了种子的生产、销售和贸易规范的法律，以及制定了植物健康标准和食品安全准则的植物检疫规定。参见沃特纳姆作品（Wattnem，2016）。

相比之下，其他形式的运动正在以不易察觉的方式悄然推行，种子保存与分享网络出现了大幅增长。以种子为核心的各类动员在形式与策略方面极其多样化，不过我们仍然可以将其视为一个整体来考量。这些运动均以种子主权为核心，主张农民必须通过与种子相关的各类活动重新获取控制权和自主权。对植物的生物繁殖能力进行侵占，为企业在农业生物技术领域的发展提供了驱动力。因此，通过保存种子来反对这种侵占，构成了当代种子斗争的核心内容。

企业粮食体制及其反对者

哈丽雅特·弗里德曼（Harriet Friedmann）、菲利普·麦克迈克尔（Philip McMichael）曾于20世纪80年代末首次提出粮食体制方法，它成为理解全球粮食系统历史转变的分析工具（Friedmann and McMichael，1989）。根据粮食系统领域学者的观点，20世纪80年代出现了一种“企业粮食体制”。[1]顾名思义，这种体制的具体特征为，世界经济的组织原则从国家转向了资本（McMichael，2009）。对比20世纪60年代的绿色革命与90年代的基因革命就可以看出这种转

[1] 企业粮食体制出现之前曾存在殖民流散粮食体制（1870年至20世纪30年代）与商业工业粮食体制（20世纪50年代至70年代）。

变的出现。绿色革命的基础要素包括高产作物品种、化肥、农业以及灌溉，主要出现在国际公共领域。而基因革命的驱动力来自向全球生物技术企业的股东提供高回报的私人利益（Parayil，2003）。

企业粮食体制的显著特征包括对农业生物技术的依赖、农业研究的私有化，以及全球企业友好型知识产权标准的出现（Pechlaner and Otero，2008；McMichael，2009）。新自由主义拥护知识产权制度，但值得注意的是，新自由主义知识分子在历史上其实一直反对专利和版权制度，认为它们属于“法律认可且极为有害的垄断形式”（Slobodian，2020）。近几十年来，新自由主义者，特别是芝加哥学派经济学家采取了一种功利主义立场，采纳了专利权刺激创新的观点。它的逻辑在于，专利是一种激励企业进行高风险研究与长期研究的必要因素。然而事实证明，这种逻辑越来越站不住脚（Jaffe and Lerner，2007；Boldrin and Levine，2008）。专利长青化实践、专利丛林[1]以及产业集中度的增加带来了现实层面的各种问题，知识产权正在阻碍农民、研究人员和植物

[1] 专利长青化实践指相关企业通过各种法律、商业和技术策略延长即将到期的专利，防止发明项目进入公共领域。专利丛林指覆盖了某项发明且具有重叠性的知识产权网络，要求竞争对手签订多种许可协议。

育种者获取基本植物材料与工艺，因而正在扼杀创新，而非激励创新。

人们逐渐意识到，企业知识产权的扩张正在对农民的权利和生计产生消极影响，进而影响粮食权利，因为小农供应了大部分用于本国消费的粮食（Borowiak，2004；Cohen and Ramanna，2007）。这一点促使法律学者开始关注知识产权与人权法的交叉领域，此前这两个领域分属法律和政策领域（Helfer and Austin，2011；Helfer，2018）。[1] 虽然相关文献主要集中于药品的获取与健康权，但越来越多的研究项目开始从人权角度考察农民的权利与粮食权（Cohen and Ramanna，2007；Cullet，2007；Haugen，2007，2020；de Schutter，2009；Santilli，2012；Golay，2017；Bragdon，2020）。

此外，还有很多文献集中描述了全球贸易与环境体制，以及相关矛盾（Andersen，2008；Tansey and Rajotte，2008；Santilli，2012；Halewood，López Noriega，and Louafi，2013；Shashikant and Meienberg，2015）。在过去三十年里，涉及生物多样性、农民权利以及知识产权的新法律文件层出不穷。

[1] 罗斯玛丽·库姆（Rosemary Coombe）曾在1998年的一篇文章中提出了知识产权和人权方面的重要观点。参见库姆作品（Coombe，1998）。

世界贸易组织《与贸易有关的知识产权协定》(*Trade-Related Aspects of Intellectual Property Rights*，*TRIPs*，下文简称《知识产权协定》) 规定，成员国有义务为微生物及微生物工艺提供专利保护，且应为植物育种者提供某种形式的知识产权保护（WTO，1994）。国际植物新品种保护联盟（Union Internationale pour la Protection des Obtentions Végétales，UPOV）是一个政府间国际组织，为植物育种者权利制定了标准。1991 年，它对联盟公约进行了修订，即 1991 年版《国际植物新品种保护公约》，极大地提升了植物育种者所享有的知识产权。另外，联合国粮食及农业组织于 2001 年签署了《粮食和农业植物遗传资源国际条约》(*International Treaty on Plant Genetic Resources for Food and Agriculture*，下文简称《植物条约》)，目的是保护并可持续利用与粮食和农业有关的遗传资源，并公平公正地分享由此产生的利益。

《知识产权协定》与 1991 年版《国际植物新品种保护公约》主要由制药企业和种子企业的利益所驱动（Sell，2003），而联合国粮食及农业组织《植物条约》及其他条约的目的则在于保护生物多样性和农民的权益。因此毫不意外，不同法律文件之间存在矛盾冲突。这些矛盾同样存在于国内，各部门通常针对同一主题分别立法，根据不同的原则进行运作，对不同的选区做出回应（Newell，2008）。比如在印度，农业部监督制定了《植物品种和农民权益保护法》（*Protection of Plant Varieties and Farmers' Rights Act*），环境部和科技部分别监督制定了《生物多样性法》和《专利法》。这样一来，Bt 棉花品种同时受到三部法律文件的制约，其生物技术性状可申请专利；含有这种生物技术性状的植物品种受到植物育种者权利的保护；同时，Bt 棉花品种作为一种转基因生物，需要遵守生物多样性与生物安全方面的规定。

目前，全球植物资源新型知识产权制度方面已经出现了大量研究，不过这一类全球规范所采用的具体形式仍然有待进一步论证。[1] 用斯蒂芬·布拉什（Stephen Brush，2013）的话来讲，我们应该减少关注国家与超国家层面法律与协定的复杂性，重点关注这些法律制度如何实际发挥作用。这样做有助于发现那些在国家层面通过国际制度管理植物遗传资源渠道的现实困难，就像 Bt 茄子的案例所揭示的那样。它还可以揭示企业通过“私人订制”途径（Bt 茄子案例中使用的是许可合同）规避公法规定的具体方式。全球知识产权规范正在得到扩张和加强，不过各个国家仍然拥有很多回旋余地，涉及知识产权和农业的国内立法仍然存在重大差异。另

[1] 参见坎菲尔德有关产权民族志方法的作品（Canfield，2020），库姆、查普曼有关知识产权的详细论述（Coombe and Chapman，2020）。

外，不同专利文化与农业文化之间存在差别，因此最终将出现一系列存在差异的知识产权制度。

除了全球知识产权制度的地方表达，我们同样需要注意企业粮食体制知识产权方面日益激烈的争论，特别是在法院中。在这里，法律论坛的抵抗很关键，因为法院是专利适用范围争端的最终裁决机构，法院的解释可以对专利局产生约束力（Dutfield，2006）。对于粮食系统领域的学者而言，种子行动主义构成了一种趋势所包含的重要内容，有助于研究各类体制。更重要的是，种子行动主义有助于研究不同体制之间的转化，特别是社会运动在加速变革过程中所扮演的角色（McMichael，2009，2013）。这引发了几个更大的问题：以生物技术农作物为核心的法律行动主义对当前企业粮食体制有何潜在作用？法律层面的这些发展是否仅仅代表一种容易遭到破坏的发展与徒劳的抵抗？[1]或者，它们在其多种多样且有时无意的影响中，是否能够影响甚至破坏企业粮食体制核心的企业知识产权主要范式呢？针对这些问题做出解答仍然为时尚早。不过我的观点是，相关诉讼案件已经开始对农业领域企业粮食体制的基本内容构成威胁。这些基本内容包括专利权人的商业权利高于农民基本权利，以及基因与植物的可专利性等。

---

[1] 感谢一位匿名评论者提供的措辞。

巴西、印度关于知识产权与生物技术种子的法律争端

21 世纪初，在美国政府的支持下，孟山都把在美国开发的专营制度传播到了转基因作物的其他主要生产国，知识产权和生物技术农作物方面的社会争端与法律争端随之也转移到了全球南方，特别是阿根廷、巴西、哥伦比亚、印度、巴基斯坦等国。[1] 学术界一直在关注全新的农业法律制度在北美地区所引发的诉讼案件（如 Ewens，2000；Kloppenburg，2004；Müller，2006；Aoki，2008；Pechlaner，2012），然而对于全球南方类似发展的深入分析屈指可数。[2] 这些国家在农业和法律环境方面与美国有很大差别，那么围绕知识产权和农业生物技术的诉讼案件会取得与美国不同的结果吗？本书将尝试以巴西和印度的有关现象为基础，对这一问题做出解答。

巴西和印度为这类问题的比较性研究提供了丰富的依

---

[1] 关于阿根廷，参见拉佩尼亚、佩雷尔穆特作品（Lapegna and Perelmuter，2020）；关于哥伦比亚，参见埃斯科瓦尔、菲廷作品（Escobar and Fitting，2016）；关于巴基斯坦，参见拉纳作品（Rana，2021）。

[2] 这里的全球南方是地缘政治概念和政治主体，涵盖了与全球资本主义相比处于次要地位的人群和地区（Mahler，2018）。

据。巴西、印度以及阿根廷是全球南方最大的转基因作物生产国。[1]2019年，巴西以5300万公顷的种植面积位居世界第二大生物技术农作物生产国；印度种植面积为1200万公顷，位列全世界第15大生产国（国际农业生物技术应用服务组织，2019）。[2]不过，巴西和印度的农业结构存在很大差别。巴西拥有规模庞大、实力强劲且以出口为导向的农业产业，小农经济在巴西的粮食生产和粮食安全方面发挥着重要作用，两种产业部门共存。[3]相比之下，印度以小农和边际农民为主导。[4]近几十年来，土地所有权分散、基础设施匮乏、价格波动、依赖中间商以及高负债等多种因素的结合，

---

❶ 根据国际农业生物技术应用服务组织数据，2019年全球最大生产国包括美国（7200万公顷）、巴西（5300万公顷）、阿根廷（2400万公顷）、加拿大（1300万公顷）、印度（1200万公顷）。

❷ 国际农业生物技术应用服务组织是一个在世界范围内积极推广转基因作物的行业组织。该组织是全球转基因作物统计数据的唯一来源，其发布的转基因作物产量年度数据得到了广泛引用。不过我们必须谨慎使用这些数据。该组织为那些没有转基因作物官方统计的国家提供数据统计，但并没有披露信息来源，而且其数据此前被发现具有夸张成分（FOEI，2006）。

❸ 据估计，家庭农业部门生产的粮食占本国粮食消费总量的70%（MDA，2008，5）。

❹ 根据2015年至2016年的印度农业普查数据，印度本国共有1.26亿小农和边缘农民，占农民人口数量的86%，但每人仅持有不到2公顷土地，作物总面积仅占全部作物种植面积的47%（印度政府，2020）。

使印度农业生产处于低迷状态。

巴西和印度均属于生物多样性大国。生物多样性大国指的是具有全世界大多数物种的国家，包括亚热带和热带地区的17个国家。巴西拥有全世界15%~20%的生物多样性，被认为是世界上生物多样性最丰富的国家（《生物多样性公约》）。巴西是多种栽培植物的发源地与多样性中心，比如木薯和花生等。同时，巴西拥有至少43020种已知植物品种。印度是很多粮食作物的发源地与多样性中心，比如水稻。印度拥有大约45500种记录在案的植物品种（《生物多样性公约》）。

巴西和印度还拥有大量的生物多样性传统知识。另外，两国都保持着由政府资助农业研究的传统[1]，拥有全世界最重要的一部分国家种质资源[2]。

作为生物多样性大国与农业生产大国，巴西和印度在全球农业贸易和遗传资源的谈判中扮演了重要角色。两国积极参与了世界贸易组织《知识产权协定》、联合国《生物多样性公约》、联合国粮食及农业组织《植物条约》以及《遗传资源获取与惠益分享的名古屋议定书》（下文简称《名古屋

---

[1] 巴西的公共农业研究由巴西农业研究公司授权，印度的公共农业研究则由印度农业研究理事会分管。

[2] 印度国家基因库持有1584个物种的超过39.5万个样本（NBPGR n.d.）。巴西农业研究公司遗传资源与生物技术部持有960个物种的14万个种子样本（巴西农业研究公司）。

议定书》）的国际谈判（联合国，1992；联合国粮食及农业组织，2001）。[1] 在过去的20年里，巴西和印度还通过印度–巴西–南非对话论坛（IBSA）以及金砖国家论坛等加强了合作。不过两国的合作关系因2015年后的右翼民粹主义政府选举而变得紧张起来。

巴西和印度都有涉及知识产权和生物技术农作物的重大案例，这些案例为相关法律问题开创了先例，十分符合本书的写作目的。2009年，在巴西南部帕苏丰杜（Passo Fundo）小镇，农民工会就抗农达大豆的特许权使用费问题，针对孟山都公司提起集体诉讼。孟山都公司此前曾对当地收获的大豆收取了特许权使用费，而没有按照惯常做法对种子销售收取使用费，当地工会对此提出了质疑。针对收获的大豆收取特许权使用费的做法代表着一种重大转变，它将孟山都公司的权利扩展到了农民的生产环节，极大剥夺了农民自由保存种子再次进行种植的权利。随着案件审理工作的推进，这起集体诉讼在接下来的十年演变为500万巴西农民共计数十亿美元的案件。农民工会通过这次诉讼争取到对自身有利的判决，同时也遭遇了一些挫折。另外，农民工会还

[1] 两国均为《生物多样性公约》缔约国。印度和巴西分别于2003年和2008年签署了《植物条约》。2004年,《植物条约》在国际范围内生效。印度和巴西分别于2012年和2021年签署《名古屋议定书》。

发现了孟山都公司在巴西专利问题上采取了一些令人发指的行动。

大约同一时期，印度南部卡纳塔克邦马图（Mattu）村庄的农民发现，在他们不知情或未经他们同意的情况下，当地已种植 400 年之久的一种茄子品种被用于培育转基因 Bt 茄子。这种茄子叫作马图古拉（Mattu Gulla），成为公共利益诉讼和以“生物剽窃”（也就是滥用植物遗传资源）为由的刑事检控的焦点之一。2010 年，一家名为“环境支持组织”[1]（Environment Support Group）的印度非政府组织提醒公众注意，开发 Bt 茄子的国际公私合营财团并没有按照印度《生物多样性法》（印度政府，2002a）的规定，自印度生物多样性管理机构获得许可并获取当地茄子品种。

印度政府和印度的种子公司还针对转基因 Bt 棉花的使用费监管问题与孟山都公司展开了拉锯战。印度德里高等法院与印度竞争委员会（Competition Commission of India）多次收到相关的诉讼请求与投诉的主题。Bt 棉花是一种经过基因改造的棉花品种，可以产生一种蛋白质，这种蛋白质能够

---

[1] 环境支持组织是一个非政府组织，成立于 1986 年，总部位于卡纳塔克邦班加罗尔。该组织共有十名成员，从事环境与社会正义方面的研究、教育和倡导等。在过去的二十年时间里，环境支持组织针对一系列问题开展了活动，包括废弃物管理、树木采伐、湿地生态系统保护等。

作为毒素防治各类螟蛉虫。在这个案例中，政府机构首次对转基因作物的特许权使用费进行了干预和规范。孟山都公司曾对一家印度种子公司提起专利侵权诉讼，随后，德里高等法院于2018年4月撤销了孟山都公司有关Bt棉花的印度专利。这是印度首次审查在本国生物技术性状专利的合法性。不过印度最高法院随后暂停了该判决的执行，指示德里高等法院进行陪审团审判。

通过以上三起法律纠纷可以看出，在巴西和印度这两大全球南方转基因作物生产国，生物技术农作物的知识产权制度存在争议。法律学者和社会科学家对北美地区的相关案件进行了大量分析，但对于近年来全球南方涉及知识产权和植物遗传资源的案件鲜有提及。相比 Bt 茄子在环境和健康方面的争议，从知识产权角度对相关案件进行的报道和分析相对较少（Abdelgawad，2012）。另外，巴西的特许权使用费案件被公认为全球农业知识产权领域最重要的案件之一，却很少有人对此进行深入分析。费利佩·菲洛梅诺（Felipe Filomeno）曾对南美地区特许权使用费收取系统的执行情况展开了细致的分析，其中包括巴西。不过在他进行研究的时候，相关案件才刚刚开始审理（Filomeno，2014）。近年来，Bt 棉花性状授权费方面的争议开始受到法律学者和社会科学家的关注（Agarwal and Barooah；Manjunatha et al.，2005；Sathyarajan and Pisupati，2017；Stańczak，2017；Van Dycke and Van Overwalle，2017）。

这本书最初的目的并非探讨孟山都公司。不过，孟山都公司牵涉诸多法律纠纷，并非偶然。1996 年，孟山都公司将转基因生物技术的商业应用引入农业中，此后开始在美国本国以及其他国家积极谋求有关的商业利益。孟山都公司在多个司法管辖区为转基因性状申请了专利保护，设计并实施了前所未有的特许权使用费收取系统与农民监督系统。它一直以侵犯专利为由，毫不避讳地起诉农民，包括该公司的客户。[1] 有律师曾在抗农达大豆集体诉讼案中发现，虽然其他公司纷纷效仿并采用了类似的知识产权模式和操作方法，但孟山都公司才是巴西特许权使用费系统的设计者（第 29B 号访谈）。2018 年，德国化工巨头拜耳公司以 660 亿美元的价格收购了孟山都公司。本书所提到的“孟山都公司”指的是拜耳收购之前的孟山都。

在相关法律案件的基础上，我将针对三组相互关联的问题做出解答，这些问题涉及企业、国家政府与民间社团组织在农业知识产权制度改革过程中发挥的作用。第一，在农民权利保护立法相对较为强势、知识产权保护相对有限的国

[1] 根据 GRAIN 和 LVC 组织的数据：“早在 2003 年，孟山都公司就已经设立了一个由 75 名成员组成的部门，部门预算为 1000 万美元，专门用于追究农民的专利侵权责任。”

家，来自全球北方的企业采取了怎样的法律策略？第二，在这些国家，政府在生物技术农作物知识产权制度的实施方面发挥了怎样的作用？第三，人们在法庭上对农业生物技术专利和特许权使用费系统发起了怎样的挑战？哪些人士分别基于怎样的依据采用了法律手段？

我们可以看到，孟山都公司根据各个国家的农作物类型与农业条件分别设计并实施了特许权使用费系统。我将在书中向读者展示，巴西和印度的专利法和植物品种保护法与美国存在很大差别，但特许权使用费系统使孟山都公司在两国获得了与在美国同等程度的知识产权保护。

接下来，我将在本书中指出，全球南方的国家政府在实施这些生物技术知识产权制度的过程中沦为农业企业的同谋。巴西和印度在将世界贸易组织《知识产权协定》转化为国内立法的过程中，没有充分进行灵活的操作。更重要的是，政府在很大程度上纵容企业实施特许权使用费系统，以农民的利益为代价实现了利润最大化。

最后，我认为，那些针对专利系统和特许权使用费系统发起的诉讼，在拥有不同政治目的、追求不同长期目标的参与者之间意外创造了以同一议题为基础的短期结盟（Peschard and Randeria，2020）。比如，巴西的小农和大规模土地所有者在诉讼案件中一致针对孟山都公司的垄断性索赔提出了质疑。另外，印度的种子主权活动人士与印度教极端民族主义者在针对孟山都公司的诉讼过程中同样建立了统一战线。我对这类短期联盟的优势和模糊性进行了考察，并描述了法律行动主义以知识产权和生物技术农作物为核心的形成动力。

本书揭示了生物技术企业在当代粮食体制中所发挥的作用，国家层面对超国家规范的转化，以及全球南方法律行动主义的特征与前景。巴西和印度无法代表所有全球南方国家，但这两个国家具有相对优越的经济地位和政治地位，其司法发展可能在其他国家产生连锁反应。

本书的背后

作为一名专注于法律程序与法律动员的人类学者，我所采纳的民族志方法为，追踪那些在日常生活中展开的法律程序。这种方法有时被称为“行动中的法律”，与之对应的是所谓的“书本上的法律”。“行动中的法律”有这样一条原则：必须自下而上并在特定情境中研究法律，需要尽可能与所有那些直接或间接参与案件的人士进行接触。同时，这也意味着要特别关注权力——无论是实质权力、机构权力还是话语权——在塑造法律和法律体系中的作用。只有这样，我们才能理解人们抵抗、适应并最终塑造农业新法律制度的各种途径。这种方法还可以帮助我们跳出法院的正式判决，从更加宽泛的角度把握法律争议与诉讼所产生的影响。因此出于这本书的研究原因，我从国际植物新品种保护联盟的日内瓦总部来到了巴西南部的大豆种植地，从新德里的企业律师办公室来到了一座印度教寺庙，在那里，马图古拉茄子构成了一种有数百年历史的宗教庆典活动的核心内容。

我在2015年10月至2019年9月开展了大部分研究工作。2015年至2016年我身处巴西，2016年至2019年我来到了印度。不过这本书同样借鉴了巴西自2004年以来，以及印度自2012年以来与种子相关的长期研究成果。我把深入访谈、参与式观察以及法律案件分析结合起来作为主要的研究方法，针对涉及诉讼的各方人士总共开展了90次开放式访谈。访谈对象包括农民、农村工会负责人、专家证人、政府官员、行业发言人、植物科学家、非政府组织工作人员、民间社团活动人士、法律研究人员、纠纷双方的律师，以及一位法官（参见附录B）。我还研究了大量法律文件，包括分许可协议、专家证人报告、法庭文件，以及法院判决；出席了涉及有关问题的听证会，旁听了开庭审理与委员会议。另外，我还对报纸刊登的有关内容进行了广泛收集，重新梳理了这些法律争议的时间顺序。

对正在发生的事件进行描述是一件令人喜忧参半的工作：涉足全新领域带来了兴奋感，也带来了对当下不断演变的局势进行分析的挑战。比如，一起案件最初并没有涉及Bt棉花性状授权费方面的纠纷。然而2015年底，在我开始研究后不久，Bt 棉花性状授权费在全国范围内引发了争议，其与抗农达大豆集体诉讼之间的相关性过于显著，不容忽视。

司法系统的不确定性加剧了事件发展过程中的挑战性。比如，最初我认为印度最高法院有望对 Bt 茄子案件做出裁决，后来却发现这起案件不仅属于积压案件，出于政治原因还可能无限期悬而不决。相关的延误和挫折为研究人员和诉讼当事人带来挫败感，不过同样说明相关争议涉及权力关系与利益关系。三起诉讼案件的双方当事人并没有穷尽自身可以利用的所有法律手段。不过自最初提起诉讼以来，相关案件已走过了漫长的道路，提供了充足的分析材料。

自 2015 年我开启研究工作以来，发生了各种各样的变化。2015 年，孟山都公司的抗农达性状成为首个到期并进入公共领域的重大农业生物技术专利，引发了“后专利”时代的广泛猜测。2015 年至 2018 年，控制全球种子与农用化学市场的公司数量从6家削减到3家[1]，加剧了人们对种子市场寡头特性的担忧（Clapp，2021）。2020 年与 2021 年的大部分时间里，印度通过立法废除了农产品在销售、定价和存储方面的规则，遭到农民群体前所未有的抗议。农民担心这

[1] 2015 年，相关行业 6 巨头分别为巴斯夫、拜耳、陶氏化学、杜邦、孟山都和先正达公司。2018 年，6 巨头缩减为陶氏杜邦、拜耳–孟山都、中国化工–先正达 3 家公司。

一举动今后将使他们任由跨国公司摆布。2021 年 9 月在我撰写相关内容的同时，全球粮食供应链在气候变化和新冠疫情的双重影响下几近崩溃，使得对粮食体制专营的理解与以往相比尤为迫切。

第一章

巴西、印度与农业知识产权

CHAPTER 1

最终，"太阳之下由人类创造的所有事物"……都将可以申请专利。

——范布伦特在《自然》杂志中对希博德案的评论
（Van Brunt，1985）

20世纪80年代，随着植物基因工程的发展，美国和其他工业化国家开始把专利权扩展到基因工程工艺与产品之中。20世纪90年代，美国及其制药产业与农用化学产业正在全球范围内推广美国的知识产权标准。[1]1986年至1994年乌拉圭回合多边贸易谈判期间，美国在日本、澳大利亚、加拿大、新西兰、瑞士、欧盟等工业化经济体的支持下，率先将知识产权列入《关税及贸易总协定》（下文简称《关贸总协定》）议程。这些经济体拥有强大的制药产业和农用化学产业，在全球范围内持有绝大多数有效专利。1995年，世界贸易组织取代了《关贸总协定》。世界贸易组织的创始协议之一《知识产权协定》为植物生物技术和植物品种领域引

[1] 跨国公司在世界贸易组织《知识产权协定》制定过程中所发挥的作用得到了充分记录（Matthews，2002；Sell，2003，2009）。一名制药业代表曾直言，"这个行业……制订了一种解决方案，并将方案简化为具体的提议，向我们和其他政府进行兜售"（Oh，2000）。

入了全球知识产权规范。[1]

利害攸关的重点并非知识产权制度所出现的各类调整，而在于美国和欧洲把知识产权标准这种西方传统扩展到世界其他地区的做法。在《知识产权协定》出现之前，大多数国家已经明确把植物品种列入知识产权保护范围之外。全球南方国家尤为如此，特别是一些实现了农业部门工业化的国家。[2] 事实上，国际植物育种系统恰恰建立在这样一种基础之上：每个人都应该可以通过自由获取并广泛地自由交换植物基因材料与相关知识而受益。

以巴西和印度为代表的全球南方国家意识到了自身的处境。一名谈判人员曾提到，这些国家在知识产权领域中做出新承诺之后，“不会有任何收获，反而会承受损失”（Ganesan，2015，213）。[3] 巴西和印度最初的观点为，知识产权方面的问题最好由世界知识产权组织（WIPO）处理，

---

[1] 《知识产权协定》的特别之处在于，该协定在贸易自由化和知识产权之间建立了关联。此前各界普遍认为这两个问题之间不存在逻辑关联（Purdue，2000）。

[2] 比如，加拿大曾在 1990 年颁布了本国首部植物育种者权利法案。挪威于 1993 年颁布。

[3] 本节相关内容主要来源于巴西和印度的主要谈判人员塔拉戈（Tarragô，2015）和加内桑（Ganesan，2015）的描述。制药业同样在《知识产权协定》谈判过程中发挥了重要作用，不过本节着重探讨植物生物技术领域。

现有的各类知识产权公约已经够多了。1988 年至 1989 年，巴西和印度的立场从“坚决反对”把更高标准的知识产权保护纳入《关贸总协定》，转变为“勉强接受”（Ganesan，2015；Tarragô，2015）。这种转变的出现与各方面因素有关。首先，在这期间，两国政府采纳了有利于市场、私有化和境外投资的政策。巴西在 20 世纪 80 年代恢复了民主制度，并转向了以市场为导向的政策。而印度在 1991 年实行的新经济政策象征着向自由主义政策的转变。其次，两国在经济方面面临着来自美国的巨大压力。由于巴西缺乏药品和农用化学品方面的专利保护，美国此前曾对巴西进行制裁；美国还因印度缺乏药品专利保护而将其列入最新设立的“美国特殊 301 观察名单”（US Special 301 Watch List）。[1] 此外，由于“发展中国家之间缺乏统一的立场，这些国家或是缺乏相关领域的专业知识，或是抵抗压力的能力十分有限”（Tarragô，2015），巴西和印度很难抵御相关方面的统一攻势，也很难抵抗大型公司及其政府针对相关事宜的强大游说。巴西和印度出于务实的原因做出了态度转变。这两个国家意识到，美

---

[1] 美国贸易代表办公室根据《1988 年综合贸易与竞争法》（*Omnibus Trade and Competitiveness Act 1988*），每年发布《特殊 301 报告》（*Special 301 Report*）。该报告是美国的一种单边手段，用来向其他国家施压，要求各国在《知识产权协定》要求的范围之外增加知识产权保护内容。

国不会在相关问题上让步，而且美国可以把专利保护作为谈判筹码获取其他方面的利益，比如加强农业、纺织品和热带产品的市场准入管制等（Ganesan，2015；Tarragô，2015）。

巴西和印度以防御姿态开启了《知识产权协定》的谈判。巴西针对可专利范围指出，应该向那些符合可专利性标准的发明授予专利，但违反道德、宗教、公共秩序或公共卫生标准的发明应排除在外，且应在技术和经济发展的同时兼顾公共利益（《关贸总协定》，1989b）。印度进一步提出：

> 每个国家都应该在考量本国社会经济、发展、技术和公共利益等需求的前提下，自由决定希望根据本国法律排除可专利性的一般类别及具体产品或部门。针对非可专利性发明制定统一标准并同时应用于工业化国家与发展中国家，或者对发展中国家特定产品或部门排除可专利性的自由进行限制的做法，都是不合理的。发展中国家应该只在食品、药品、化学等重要部门自由提供工艺专利。(《关贸总协定》，1989a）

相比之下，美国在所有的技术领域均制定了更为严格的知识产权保护制度，其中包括更长期限的专利保护、更严格的执法措施、较短的执行过渡期，并限制了政府在授予相关权利时设定条件的能力。

包括植物在内的活体材料的可专利性问题迅速演变为

《知识产权协定》谈判过程中的主要争论点之一。一方面，美国要求可专利性一般规则不得存在例外（《关贸总协定》，1987）。另一方面，包括巴西和印度在内的全球南方国家（所谓的“十四国集团”）建议对那些违背公共健康、重大发现、自然界已存在的材料或物质、针对人体或动物的医疗方法、核材料与裂变材料的发明排除可专利性（《关贸总协定》，1990）。欧盟国家持中间立场，主张把排除可专利性的范围限定在植物与动物品种、本质上属于生物学范畴的工艺流程，以及违反公共秩序或道德标准的发明（《关贸总协定》，1988）。

针对相关问题的谈判最终产生了一版略有修改的欧盟提案。《知识产权协定》第 27 条第 3 款（b）项规定，各成员国可针对下列内容排除可专利性：“微生物以外的植物和动物，以及通过非生物和微生物以外的方法生产植物或动物产品的必要生物学工艺流程。各成员国应通过专利、有效的特殊保护制度或者二者结合的方式，为植物品种提供保护。”（WTO，1994）换句话说，该条款要求成员国将专利制度扩展到微生物与微生物工艺领域，并为植物品种提供某种形式的知识产权保护。

一些政府官员发现，《知识产权协定》的某些条款，特别是第 27 条第 3 款（b）项的内容存在模糊性。印度商业和工业部部长当时曾提及：

我们都能够看到,《知识产权协定》的文本堪称模棱两可的杰作，采用了外交妥协式的表达方法，通过口头方式获得了走钢丝的结果。文本内容非常灵活，可以一路延伸到日内瓦。（印度商业和工业部，2002）

首先,“微生物”不存在公认的定义，有人认为这个术语本身就存在缺陷（Singh，2015）。基因工程与微生物无关，而是涉及基因和基因序列。“微生物”一词很少出现在与植物有关的专利申请中，世界各地的专利局不得不被动处理由此产生的歧义。其次,“有效的特殊保护制度”至今仍然存在各种不同的解读方式。根据文本内容的暗示，各成员国只要遵守第27条第3款（b）项提出的最低知识产权标准，就可以根据各自的需求和目的立法。不过，对于相关文本的解读至今仍未达成共识。

一名印度谈判人员曾总结道,“各方对于涉及的所有问题普遍缺乏理解，且协议条款的措辞较为宽泛，使针对争议进行的谈判遭到了限制”，并在协定内容谈判的过程中缓和了各国对于微生物专利和植物品种特殊保护方面的担忧（Ganesan，2015，230）。

与此同时，巴西谈判人员发现,《知识产权协定》的谈判代表，最终无法通过缓解农民与传统知识持有者的担忧的方法，来解决专利扩展到生物材料时的问题（Tarragô,

2015，246）。我们将看到，随着两国在国内通过立法实施《知识产权协定》，与协议文本歧义有关的问题很快浮出了水面。

第 27 条第 3 款（b）项本身及其将知识产权扩展到植物生物技术和植物品种的做法存在争议，因而谈判期间做出的一个让步是，协议生效后的四年内对这一条款进行强制性审查。审查的目的之一在于对有效的特殊制度的构成要素进行澄清（WTO，相关文件日期不详）。不过，尽管印度、巴西等全球南方国家一再要求进行审查，审查程序却从未启动。事实上，美国和欧盟一直在阻碍审查。出于政治考量，它们认为与其承担相关风险，不如始终维持第 27 条第 3 款（b）项现有的表达方式。

在审查第 27 条第 3 款（b）项期间提交的诸多意见书指出，即便《知识产权协定》生效，分歧仍将存在。印度代表团在 1999 年提交的一份意见书中呼吁对第 27 条第 3 款（b）项进行实质性审查，审查内容包括：①排除可专利性的规定是否适用于动植物，应该采取怎样的形式；②对微生物、微生物工艺流程以及非生物工艺流程进行保护将带来怎样的影响；③特殊制度及其有效性（WTO，1999）。印度代表团提出了私人所有制扩展到生命形式时在程度方面的道德问题，以及“工业化世界所理解的知识产权概念在知识权利、相关所有权、使用、转移与传播等更广泛层面的适当性”所涉及的道德问题（WTO，1999，11）。印度进一步提出，“应排除与所有生命形式有关的专利；如果无法实现这一点，至少应排除那些以传统知识或本土知识为基础且必然派生的产品和工艺方面的专利”（WTO，1999，11）。在微生物的问题上，印度代表团重申了对可专利的发明和不可专利的发现进行区分的重要性。

此外，印度代表团承认人造微生物（比如基因工程细菌）符合可专利性方面的要求，但“对于专利能否扩展到细胞系、酶、质粒、黏粒[1]和基因等提出了质疑”（WTO，1999，12）。印度代表团指出，这些问题在谈判期间没有得到充分探讨，即便科学家也无法针对谈判所包含的条款达成一致。印度代表团认为，这些问题不应留到未来由专利局的技术小组进行解读，并补充道，微生物可以根据第27条第2款的规定排除可专利性，也就是“保护公共道德和公共秩序，其中包括保护人类、动植物的生命安全与健康，或避免对环境造成严重损害”的要求（WTO，1994）。最后，印度代表团指出，加入国际植物新品种保护联盟只是履行《知识产权协定》义务的手段之一。考虑到各国“包括发展目标和技术目标在内的本国公共政策目标”，以及在其他国际协议

[1] 黏粒（cosmid）是一种杂交质粒（DNA分子），可用于复制较大的DNA片段。

中所承担的义务，印度代表团认为各国“在制定有效的保护手段方面还有很大的回旋余地”。

巴西代表团的立场介于美国和印度之间，支持维持“第27条第3款（b）项的现状”（WTO，1999，24）。其中，美国主张“将可专利性扩展到所有的生命形式”，而印度主张“排除所有生命形式的可专利性”。巴西此前曾表示支持国际植物新品种保护联盟，但巴西代表团指出，必须考虑其他国家在制定特殊制度方面的经验。最后，巴西代表团支持对第27条第3款（b）项进行审查，特别是针对传统知识保护方面进行审查。

第27条第3款（b）项的表达方式在制定植物品种特殊制度方面赋予各国很强的灵活性。《知识产权协定》规定各国必须为植物品种提供某种形式的知识产权保护，但在具体实施方面留下了很大的余地。工业化国家的种子产业可以借助植物育种者所拥有的权利攫取利润，这些国家通过国际植物新品种保护联盟，巧妙地敦促各国在植物知识产权方面满足《知识产权协定》提出的要求。[1]

国际植物新品种保护联盟推进了植物品种方面的知识产

---

[1] GRAIN组织1996年在一篇文章的标题里很好地表达了这种策略：《国际植物新品种保护联盟：免费搭乘〈知识产权协定〉便车？》（GRAIN，1996）。有关与《知识产权协定》兼容的国际植物新品种保护替代方案，参见埃尔费尔作品（Helfer，2004）、科雷亚作品（Correa et al.，2015）等。

权制度，具体而言，保护的是植物育种者的权利。它成立于1961年，由植物育种产业较为发达的欧洲国家组成。到了2020年，联盟成员国均签订了1978年版或者1991年版的《国际植物新品种保护公约》。两个版本的主要区别在于，植物育种者的权利在1991年版公约中得到了显著加强。比如根据1991年版公约的规定，保存种子成为各国的一项可选豁免；保存种子仅限于农民自用，且"必须保护育种者的合法权益"。成员国自愿加入国际植物新品种保护联盟，但各成员国其实一直面临着通过遵守联盟规定来履行《知识产权协定》义务的压力。实际上，各个国家加入联盟就相当于放弃了制定符合自身需求与利益的特殊立法的可能性，并实施比《知识产权协定》更为严格的知识产权制度，也就是所谓的"《知识产权协定》加强版"。我们将在本章节的其他内容里看到，巴西面临着这种困境，而印度没有走上这条路径。

把第27条第3款（b）项纳入国内立法：巴西的情况

加入世界贸易组织之前，巴西本国法律没有对植物品种进行知识产权保护的规定。巴西于1965年颁布的《种子法案》确立了种子生产与贸易方面的规范，而没有对育种者权利进行具体的保护。当时的公共部门在植物育种方面发挥了重要作用，巴西本国培育的新品种属于公众。私营种子企业参与了种子的生产和配送，并积极培育了诸如玉米等适用于杂交的农作物。《知识产权协定》生效后，巴西修订了《工业产权法》（*Industrial Property Act*），并通过了《植物品种保护法》（*Plant Variety Protection Act*），对植物品种方面的立法进行了全面改革。

此番立法改革之前，巴西也曾尝试针对育种者的权利进行立法。[1]20 世纪 70 年代中期，英荷联营的荷兰皇家壳牌集团（Royal Dutch Shell）旗下的国际育种者公司（International Plant Breeders）控制着全球种子销售最大市场份额。国际育种者公司与巴西种子生产企业协会（Associação Brasileira de Sementes e Mudas，ABRASEM）、巴西农业部以及巴西农业研究公司（Empresa Brasileira de Pesquisa Agropecuária，EMBRAPA）进行了密切合作，为巴西引入了植物品种保护立法（Pelaez and Schmidt，2000）。1977 年 2 月，法案和规定的初稿遭到泄露并引起公愤，相关努力全部付诸东流。例如，巴西圣保罗州立法机构通过了一项动议，谴责该法案为了外国公司的利益而试图将巴西种子生产部门国有化，并认

---

[1] 巴西于 1945 年颁布的《工业产权法》为植物品种知识产权保护提供了可能性，但这种知识产权保护有赖于制定特殊法规。巴西一直未能颁布特殊法规。

为此举将对巴西的农民造成威胁，使农民不得不高价购买种子。这项动议指出，“通过专利制度保护种子相当于保护发达国家大型集团的商业利益，将对本国农民和国内私营企业权益造成损害”（Paschoal，1986，XV）。

在接下来几个月的时间里，反对这项法案的运动获得了各方支持，其中包括极具影响力的巴西科学进步协会、部分农学家专业协会以及一些国会议员。通过巴西各大报纸杂志的头条新闻标题可以看出公众负面情绪正在增长，比如《圣保罗州报》（*O Estado de São Paulo*）:《农学家反对种子项目》;《观察周刊》（*Veja*）:《种子属于我们》;《商业与工业杂志》（*Diário do Comércio e Indústria*）:《种子：跨国控制？》；等等（Paschoal，1986）。人们担心跨国公司对本国种子进行垄断，担心种子受到私营部门控制之后价格飙升。这种恐惧心理与强烈的民族主义论调共同推动了相关运动。导致法案声名狼藉的另一个重要因素在于，外国游说集团 IPB 公司与巴西私营种子公司 Agroceres 公司参与了法案起草工作。1977 年 8 月，巴西农业部迫于压力宣布无限期推迟出台该法案。不久之后，IPB 集团关闭了巴西办事处。[1]

---

[1] 巴西当时正处于独裁统治时期（1964 年至 1985 年）。巴西军政府对动员活动在反对这部法律的过程中所起到的作用十分重视。军政府所拥有的国家发展意识形态以及把粮食安全视为战略问题的做法同样发挥了作用（Pelaez and Schmidt，2000）。

20年后，植物品种保护问题在巴西再次提上议程。自1977年巴西首次尝试植物品种保护立法失败以来，情况发生了很大的变化。由民主选举产生并以市场为导向的政府取代了军事独裁与国家发展方面的意识形态，跨国种子公司进入了巴西市场，涉足了巴西政局。这些公司在巴西即将引入转基因品种时对该国施加压力，要求获得有效的知识产权。另外，这时的国际环境也发生了变化，巴西屈从于国际压力，签署了《知识产权协定》和《国际植物新品种保护公约》。根据一位立法顾问的观点，最终被称为《植物品种保护法》（*Plant variety protection*，PVP法案）"的出台，不仅源于国际压力，也源于国内农业综合企业的压力，也就是当时进入巴西生物技术和转基因作物领域的大型种子生产企业和跨国公司。这些公司企业才是需要签署《植物品种保护法》的机构"（Peschard，2010）。

推动新立法的团体包括巴西种子生产企业协会、巴西国家农业联合会（Confederação Nacional da Agricultura e Pecuária do Brasil）、巴西农业研究公司，以及后来很快成立巴西植物育种企业协会（Associação Brasileira de Obtentores Vegetais，BRASPOV）的一批公司。反对《植物品种保护法》的核心团体包括左翼工人党，以及民间社团组织，比如巴西消费者保护协会、非政府组织"家庭农业与生态农业"

（AS–PTA）、巴西绿色和平组织[1]，等等。我们可以看到，反对这项法案的主力已经从农学家和官员（议员、参议院、政治家等）等专业团体转变为民间社团。民间社团可以限制法案某些条款的适用范围，但无法阻挠法案出台。

《植物品种保护法》于 1997 年出台，为巴西植物品种引入了知识产权，因而在相关领域确立了重要的法律基准。法案规定，“植物品种方面的知识产权保护手段在于，授予植物品种保护证书，该证书在法律上应视为一种商品，同时也是本国针对植物品种及其相关权利的唯一保护手段，可用于反对有性繁殖或无性繁殖的植物或其组成部分的自由使用”（巴西联邦税务局，1997，第二条）。

法案的内容以 1978 年版《国际植物新品种公约》为基础，起草工作明确以遵守公约为目的（Araújo，2010）。最初版本的草案没有涉及农民在自由保存、交换和出售种子方面的权利。经过民间社团的艰苦斗争，相关内容最终才纳入法案，并出现在修订版本的种子法中。比如法案第 10 条承认农民有权利以自用为目的保留并种植受保护品种的种子。根据第 10 条的规定，农民可以出于自用目的对种子进行储存和种植，还可以把植物产品作为食物和原材料进行使用或

---

[1] 巴西消费者保护协会成立于 1987 年，是巴西历史最久、规模最大的消费者保护组织。巴西绿色和平组织成立于 1993 年。

销售（繁殖目的除外）。一个例外是农村的小规模种植者，他们可以通过受保护的植物品种培育种子进行分发或交换，但仅限于与其他的农村小规模种植者进行交易（巴西联邦税务局，1997）。[1]1999 年，巴西签署 1978 年版《国际植物新品种公约》，加入了国际植物新品种保护联盟，避免了被迫加入限制性更强的 1991 年版公约。[2]

为了履行《知识产权协定》第 27 条第 3 款（b）项带来的全新义务，巴西不得不修订了本国专利法。费尔南多 · 科洛尔 · 德梅洛（Fernando Collor de Mello）总统是巴西军事独裁统治结束之后，由民主选举产生的第一任总统。[3]1991 年他提出了一项法案。德梅洛在新自由主义的背景下当选总统，因此他提出的法案旨在向国际社会，特别是美国，表明巴西遵守知识产权与贸易方面的新规则，是可靠的贸易合作伙伴（de Alencar and van der Ree，1996）。巴西本国的民间社团组织发起了反对该法案的动员活动，尤其反对这

[1] 根据《植物品种保护法》的定义，农村小规模种植者指的是在开发土地的过程中没有聘用劳动力，主要使用家庭劳动力，且居住在自己的土地上或土地附近的种植者。为了与非生产性大型地产相区别，农村小规模种植者拥有的土地不得超过该法案的限定面积（巴西联邦税务局，1997，第 10 条第 3 款）。

[2] 1999 年之后加入国际植物新品种保护联盟的国家只能签署 1991 年版《国际植物新品种保护公约》。

[3] 后来，德梅洛总统因腐败指控而遭到弹劾。

项法案允许为生命形式申请专利的规定。最终，该法案的出台时间推迟了五年。这项法案就是《工业产权法》(*Industrial Property Act*，巴西本国称为《专利法》)，1996年由费尔南多·恩里克·卡多佐（Fernando Henrique Cardoso）总统批准出台。[1]

1996年的《工业产权法》首次允许为生命形式申请专利。根据法案的规定，一项发明的可专利性必须满足新颖性、创造性活动和工业应用方面的标准要求（第8条）。这里的规定排除了“在自然界中发现的全部或部分自然生命与生物材料，或从中分离出来的内容，其中包括自然生命的基因组和种质，以及自然生物过程”（巴西联邦税务局，1996，第10条ix）。该法案进一步规定，转基因微生物在满足可专利性三个要求（新颖性、创造性活动、工业应用）的情况下可申请专利，但生物的全部或部分内容，以及单纯的发现，不具有可专利性（巴西联邦税务局，1996，第18条）。一段解释性文本把转基因微生物定义为“一种生物，通过人类对其基因结构进行直接干预，使该物种表现出在自然条件下通常无法出现的特征，动植物的整体或组成部分除外”（巴西联邦税务局，1996，第18条）。总之，根据第27条第3款（b）项的规定，微生物和微生物工艺均可获得专利保护，但

[1] 卡多佐于1995年至2002年出任巴西总统。

其中不包括动植物、植物的组成部分以及植物品种。

在行业压力下,《工业产权法》还包含了一项过渡性条款，也就是所谓的管道机制。这种管道机制允许公司企业为法案生效前发明并在其他国家获得专利的产品或工艺申请专利，前提是该产品或工艺尚未在巴西上市。这项条款属于《知识产权协定》增强版，超出了《知识产权协定》的最低要求，受到民间社团组织的严厉批评。我们将在下一章看到，民间社团的担忧具有特定的依据。1996 年 5 月至 1997 年 5 月，巴西在管道机制下对制药和农业部门超过 1100 项的生物技术发明授予了专利，其中包括与抗农达转基因大豆相关的申请（Muniz，2018）。抗农达大豆经过了基因改造，可耐受孟山都公司农达草甘膦除草剂的直接使用，是巴西种植的第一种转基因作物。

把第 27 条第 3 款（b）项纳入国内立法：印度的情况

印度的情况与巴西类似，在加入世界贸易组织之前没有为植物品种提供知识产权保护。印度于 1993 年公布的植物品种保护法案初稿遭到了强烈反对，并引发了大规模的农民游行示威，也就是所谓的“种子抗议”运动（Seshia，2002）。最终，印度于 1997 年、1999 年和 2000 年分别发布了修订草案。2000年1月至8月，联合议会委员会在印度各地举行了公开听证会。经过7年的斗争和不低于5次的修订，最终印度于2001年出台了《植物品种和农民权益保护法》（*Protection of Plant Varieties and Farmers'Rights Act*，PPVFR，印度政府，2001）。

印度是全世界为数不多在植物品种保护领域引入特殊立法的国家之一。《植物品种和农民权益保护法》为植物育种者提供了标准的知识产权保护，但目的在于寻求知识产权和农民权利之间的平衡。值得注意的是，这项法案的标题已经承认了农民所享有的权利，并且有一章专门探讨了农民的权利。根据该法案的规定，农民有权“以本法生效前有权享有的方式”保存、使用、种植、重新种植、交换、分享或销售种子，包括通过受保护品种获取的种子与材料（第39条第4款）。[1]唯一的限制条件在于，农民不得出售带有商标的受保护品种种子。这一条款可理解为农民可以通过没有商标的形式销售种子，但不得以品牌名义与育种者和种子公司进行竞争（Cohen and Ramanna，2007）。这种保护农民出售受保护

[1] 根据《植物品种和农民权益保护法》的定义，农民指的是独立或者在他人直接监督下培育农作物，或者通过挑选、识别野生物种以及传统品种的有用特性，保存相应品种或为这些品种增加价值的群体（印度政府，2001，第2条k项）。

品种种子的权利的条款，遭到最激烈反对，而印度目前仍然是全世界少数具有这种规定的国家之一（Sahai，2002）。[1]

根据该法案规定，除公共育种者和私人育种者外，农民同样可以成为育种者，且有权获得对其所培育的植物品种的知识产权保护。根据相关定义，农民品种指的是传统上由农民在自己的田地中培育并开发、农民拥有相关常识的植物品种。该法案包含了几项与农民权利有关的创新型条款。比如，农民如果可以证明自己在不知情的情况下侵犯了育种者的权利，就可以免于承担责任。这一规定旨在保护那些不了解育种者权利法规的农民。另外，种子公司有义务告知农民其植物品种的预期产量，如果种植种子之后没有获得种子公司所宣传的效果，农民有权获得补偿。该法案还包含了有关利益分享的规定：参与遗传资源保护与改良的农民可以通过国家基因基金获得补助；为植物品种登记时，公共育种者和私人育种者有义务申报自己在育种过程中是否使用了原住民群体或农民群体所保存的遗传资源，这些群体有权获取相关利益。

农民在该法案的规定下享有重要权利，但相关规定的有效性仍然存在一些很重要的问题。出台将近二十年之后，该法案无论在保护农民对遗传资源的权利还是保护农

---

[1] 埃塞俄比亚、菲律宾以及马来西亚（在较小程度上）也有类似的规定。

业生物多样性方面，都没有带来切实的成果（Peschard，2014；Kochupillai，2016）。在农作物歉收的情况下，农民无法利用有关条款获得补偿。农民品种的注册率很高，[1]但仍然未能实现利益共享。农民注册之后无法获取利益，也无法得到援助。

除植物育种者权利相关的立法以外，印度曾在 1999 年、2002 年和 2005 年对专利法进行了连续修改，按照《知识产权协定》修改了工业产权方面的法律规定。1970 年的印度《专利法》允许为工艺授予专利，但不允许产品获得专利，并排除了植物和农业方法的可专利性。[2]换句话说，制造特定植物品种或某种农药的工艺流程可申请专利，但种子和农药本身不具备可专利性。修订之后，专利法规定工艺流程和产品均可申请专利，可以向微生物、微生物工艺、生物化学工艺以及生物技术工艺授予专利。也就是说，基因工程方面的工艺流程和转基因微生物均可获得专利。

在民间社团施加的压力之下，印度“排除可专利性”的概念与其他国家相比更详尽。《专利法》第 3 条（j）项规定

---

[1] 《植物品种和农民权益保护法》官方机构共签发了 3538 份植物品种注册证书，其中约 44% 为农民品种。该数据来自《植物品种和农民权益保护法》官方机构汇编（PPVFR，2019）。

[2] 根据印度《专利法》第 3 条，“任何旨在为动植物或相关产品免除疾病或提升经济价值的处理工艺”均不具有可专利性（印度政府，1970）。

微生物具有可专利性，同时明确排除了“动植物的整体或任意组成部分，其中包括种子、品种和物种，以及生产或繁殖动植物的实质性生物学工艺流程”（印度政府，1970）。该法案同样排除了源于传统知识的各类发现与发明创造。相关规定被誉为民间社团取得的一次胜利。不过根据菲利普·库雷特（Philippe Cullet，2005b）当时的观点，排除可专利性的重要性尚不明确。美国和加拿大的诸多案例表明，即便植物等高级生命形式无法获得专利，各企业同样针对包含专利基因的植物主张了事实上的权利。如果印度法院把专利所有者的权利范围扩展解读为涉及包含了受保护微生物的各类植物，而不顾植物本身是否具备可专利性（比如加拿大最高法院在施迈泽案中的做法，参见引言），那么排除可专利性的例外规定就毫无意义。

换句话说，例外规定所涉及的范围取决于印度法院是根据传统专利法律来做出解释，还是对工业产品和生物体进行严格区分。虽然存在各种缺陷，但印度的特殊立法将在全球知识产权、生物技术种子和农民权利等议题中发挥重要作用。

印度通过修订《专利法》并颁布《植物品种和农民权益保护法》，履行了《知识产权协定》第 27 条第 3 款（b）项规定的义务。然而从接下来发生的情况可以看出，各国在农业知识产权方面承受了巨大压力（Dutfield，2011）。2002 年 5 月，《植物品种和农民权益保护法》出台仅不到一年，印度内阁表达了加入国际植物新品种保护联盟的意向。由于国际植物新品种保护联盟不具有涉及农民权利的规定，加入该联盟将否定《植物品种和农民权益保护法》所取得的成就。加入该联盟的路线将与印度在过去七年通过国家法律主权的方式取得的一切相关成就发生冲突。而加入联盟的原因可能在于印度政府受到了强大的外来压力。我们可以合理假设，该联盟热衷于吸收印度这样的大国，并防止这些国家的特殊立法成为其他国家进行植物品种保护立法的典范。曾参与起草《植物品种和农民权益保护法》的印度非政府组织“基因运动”（Gene Campaign）提起了一项公共利益诉讼，反对印度政府加入联盟，理由是，印度没有义务加入该联盟，且加入联盟将违反印度本国立法（《植物品种和农民权益保护法》、印度宪法）、《生物多样性公约》以及联合国粮食及农业组织《植物条约》的有关规定（基因运动，2003）。最终，印度政府撤回并否认了加入联盟的意向（Peschard，2014；Peschard and Randeria，2020）。[1]

---

[1] 通过印度的案例可以看出，如果没有民间社团组织施加压力，印度很可能像其他很多国家那样加入了国际植物新品种保护联盟，并采用1978年版《国际植物新品种保护公约》中的植物品种保护规定。这些国家或是缺少强大的民间社团组织，或是缺乏制定特殊立法所需要的资源，因此很容易在政治和经济方面受到外来影响。20世纪90年代初，国际植物新品种保护联盟仅有大约20个成员国。到了2017年，该联盟成员国数量已攀升至75个国家（GAIA/GRAIN，1998；国际植物新品种保护联盟）。

在《知识产权协定》的谈判过程中，巴西和印度都在国际层面积极维护了自身的利益。然而在将该协定纳入国内立法的过程中，两国政府并没有充分利用现有空间来制定与自身国情和政策目标相适应的特殊立法。[1]印度政府最初出台植物品种保护法案的依据为1978年版《国际植物新品种保护公约》,《植物品种和农民权益保护法》的出台得益于民间社团组织的推动。巴西同样基于1978年版公约出台了相关法律。相比《知识产权协定》，1978年版公约为植物育种者权利提供了更有效的保护。

虽然巴西和印度没有充分利用《知识产权协定》所具有的灵活性，但两国在植物品种保护和专利方面的法律规定与美国仍然存在很大差别。可以说，美国有关植物知识产权保护的法律规定在世界范围内最为宽泛，采用了狭义的可专利性排除规定，且没有明确规定农民所享有的权利（Sease and Hodgson，2006）。[2]相比之下，巴西和印度的法律包含了更广泛的可专利性排除规定，并积极寻求了植物育种者与农民在权利方面的平衡。通过这些差别可以看出，各国对于生命

[1] 在国际化语境中，这种现象被称为“狡猾的国家”（Randeria，2003b）或者“有限的自治”（Newell，2006）。

[2] 根据美国的法律规定，只有自然规律、自然现象以及抽象概念不具有专利保护资格。

形式的可专利性以及知识产权的限制与社会功能方面持有各种不同观点。另外，第 27 条第 3 款（b）项蓄意模糊了措辞，在谈判过程中把需要达成共识的关键从知识产权的扩展问题转移到了与植物有关的发明创造，并延续到各国的国内立法。孟山都等跨国公司在 21 世纪的头一个十年里开始进入巴西和印度市场。各国之间的立法差异和第 27 条第 3 款（b）项所涉及范围在法律层面的不确定性，为那些围绕知识产权和生物技术种子的法律纠纷提供了土壤。

第二章

向抗农达大豆特许权使用费发起挑战

CHAPTER 2

（孟山都）是一家不道德的公司，它会为了获得利益而不择手段。

——巴西大豆种植者、诉讼当事人，路易斯·费尔南多·贝宁卡（Luiz Fernando Benincá）

20 世纪 70 年代早期，孟山都公司为一种名为草甘膦的化合物申请了专利，并采用了“农达”（Roundup）的品牌，将其作为除草剂进行商业化。草甘膦可以通过抑制一种叫作 EPSPS 的酶来消灭植物，这种酶可以制造植物生存所必需的氨基酸。到了 20 世纪 80 年代，农达已成为市面上最畅销的广谱除草剂之一，同时也成为孟山都公司的主要收入来源（Charles，2001）。

十年后，孟山都公司农达工厂里的科学家发现，部分细菌在工厂污水池里出现了抗草甘膦的特性（Charles，2001）。他们从这些细菌中分离出遗传材料，通过基因工程转移到大豆的基因中，开发出一种可以耐受农达除草剂的大豆。这种具有农达耐受性的基因工程基因获得了专利（Event CP4 EPSPS），抗农达大豆上市。[1]

[1] 这项专利涉及将特定转基因插入染色体特定位置，并且可用于识别转基因作物品种。

当时，巴西的农民与世界各地的农民面临着同样的问题，在种植大豆控制杂草的过程中遇到了困难。自 1973 年就在巴西南部种植大豆的大规模农业生产者路易斯·费尔南多·贝宁卡回忆道：

这里的每个人都知道孟山都公司，因为孟山都公司发现了草甘膦这种广谱除草剂……当时我们花了一大笔钱防治害虫，使用了两三种品牌的除草剂，有时还会混合使用。但是这样做的成本非常高，我们负担不起。所以当孟山都公司发明了农达，我们都感到非常惊讶。后来它通过在美国改造基因开发了抗农达大豆，我们全都疯了，心想："这个东西简直可以救我们的命！"（访谈，33）

然而事实证明，孟山都公司对农民的拯救十分短暂。他继续说道：

感谢上帝，大自然十分强大。后来，由于一直大量使用这种产品，草甘膦的效果出现了选择性。之前不太重要的害虫成为严重的问题。害虫问题飞快发展，我们不得不使用更多其他产品。现在，草甘膦无法发挥作用，我们正在使用各种其他农药。

在选择性带来的巨大压力之下，杂草对农达产品产生抗性只是时间问题。抗农达大豆等转基因作物非但没有帮助农民摆脱农药，反而推动他们必须购买农药。

农民选择抗农达大豆的原因可能在于它有助农业生产，而孟山都公司开发抗农达大豆的动机则复杂得多。20 世纪 90 年代中期，农达曾是孟山都公司的旗舰产品。2000 年，孟山都公司在美国的专利即将到期，其他公司将能够合法销售与农达类似的仿制产品，孟山都公司将失去利润最高的收入来源。从商业角度来看，随后出现的抗农达作物堪称神来之笔。在农达除草剂进入公共领域之际，孟山都公司借助抗农达作物打造了全新的独家市场。[1]

私有知识产权制度：孟山都公司的特许权使用费系统

1998 年，孟山都公司向巴西国家生物安全技术委员会（Comissão Técnica Nacional em Biossegurança）申请批准对抗农达大豆进行商业规模生产，不过批准流程随即遭到了阻

[1] 一名律师曾在致美国司法部反垄断部门的信中指出，“对转基因生物使用非专利农业化学用品，最广为人知的案例可能是草甘膦除草剂方面的专利”（Callahan，2009）。

碍。一个消费者维权组织援引预防原则，成功申请了法院禁令，禁止政府在缺乏环境影响评估和食品安全标签规范的情况下授权销售与种植抗农达大豆。[1]这项禁令事实上对转基因作物进行了司法禁止。

与此同时，在巴西最南端的南里奥格兰德州，农民正在种植从阿根廷走私到境内的抗农达大豆。当地农民向巴西政府施压，要求批准种植和销售这些大豆品种。2003 年 3 月，卢拉·达席尔瓦（Lula da Silva）总统签署了一项总统令，授权抗农达大豆商业化。这是达席尔瓦总统上任以来的首批重大决策之一，在实际层面解除了 1998 年以来的司法禁令（巴西联邦税务局，2003）。第一项总统令之后，第二项和第三项总统令先后出台。2005 年，经过 7 年的法律斗争和政治博弈，修订后的《生物安全法》（*Biosafety Act*）出台。这项法案规范了转基因生物方面所有类型的活动，抗农达大豆最终获得批准（Peschard，2010）[2]。

2003 年第二项总统令出台之后，孟山都公司迅速采取

---

1. 根据预防原则，如果一项活动或者一项技术对人类健康和环境具有潜在、严重且不可逆转的威胁，则不应以在科学层面缺乏确定性为由反对采取预防措施。
2. 有关巴西转基因作物争议的详细内容，参见佩莱斯和施密特作品（Pelaez and Schmidt，2004），斯库恩斯作品（Scoones，2008）以及莫塔作品（Motta，2016）。

行动，开始对抗农达大豆收取特许权使用费。费利佩·菲洛梅诺指出："这项法令规定大豆种植者全权负责抗农达种子的培育工作，其中包括涉及'第三方权利'的义务，暗示了孟山都公司所拥有的（知识产权）权利。"

2003 年 9 月，孟山都公司在巴西的主流报纸上发表了一篇致大豆种植者的通知（图 2.1）：

> 鉴于大豆必须在几周时间内开始种植，孟山都公司建议种植抗农达大豆的农民根据 2003 年 9 月 8 日巴西地区联邦法院的决定，继续暂停抗农达大豆的种植。
>
> 除商业发布活动外，种植抗农达大豆的农民必须在出售有关作物的同时支付抗农达技术使用费。（孟山都，2003）

这种特许权使用费为全球首例，完全出乎大豆农民的意料。[1]从传统角度来看，种子产业此前一直把特许权使用费包含在种子价格里，从未针对收获的产品收取特许权使用费。

2005 年 2 月，修订后的《生物安全法》即将出台之际，孟山都公司在巴西主流报纸《人民邮报》（*Correio do Povo*）

---

[1] 大约同一时期，巴拉圭同样引进了相同的私营特许权使用费模式（Filomeno，2014）。

CORREIO DO POVO　　GERAL　　TERÇA-FEIRA, 16 de setembro de 2003 — 5

Ministro Ruy Rosado é homenageado no TJ/RS

Destacado seu exemplo ao Judiciário nacional

O ministro Ruy Rosado de Aguiar Júnior, recentemente aposentado do Superior Tribunal de Justiça (STJ), foi homenageado por sua dedicação ao Judiciário, em sessão solene do Tribunal de Justiça do Estado (TJ/RS), no início da tarde de ontem. Além de ministro, ele foi promotor de Justiça, juiz do Tribunal de Alçada, desembargador do Tribunal de Justiça, corregedor-geral da Justiça e coordenador-geral da Justiça Federal. O retorno do ministro ao Estado foi saudado na cerimônia pelo desembargador Alfredo Guilherme Englert, que, em 1994, havia feito o discurso de despedida, quando da partida do colega para Brasília, onde assumiu o cargo no Superior Tribunal de Justiça.

Englert lembrou a atuação do homenageado na presidência da 5ª Câmara Cível do TJ/RS e o seu empenho pela implantação dos Juizados Especiais. Englert defendeu que os magistrados pertencem ao núcleo essencial do regime democrático, porque sua autonomia é subordinada somente à Constituição, o que considera um obstáculo tanto ao liberalismo exacerbado quanto a transformações revolucionárias de qualquer governo. O discurso foi concluído com elogios ao trabalho do ministro, considerado marco referencial de julgador em todo o país. "O trabalho de vossa excelência extrapolou o prédio do STJ para se ramificar por todo o Brasil", ressaltou.

CRISTIANO SANT'ANNA

Ruy Rosado (C) com Bencke (E) e Tedesco

Reencontro com os antigos conhecidos

Para o homenageado, a cerimônia foi um momento de alegria e de reencontro com antigos conhecidos. Ruy Rosado observou que sempre soube que retornaria ao TJ/RS para prestar contas da sua jurisdição. "Procurei não me afastar da tradição da magistratura gaúcha, cujo conceito e significativo prestígio comprovei a todo instante, em qualquer auditório do país, e tentei ser nada mais do que isso: um juiz do Rio Grande", declarou. "O que fiz de acerto foi apenas uma tentativa de expressar o que um juiz deste tribunal faria no mesmo lugar."

Na sua avaliação, a Justiça atravessa um momento difícil, pela incerteza das reformas do Judiciário e da Previdência, agravadas pela incapacidade de resposta útil à crescente demanda. Entretanto, o ministro considera que a Justiça gaúcha busca qualificação e aprimoramento, citando a criação dos Juizados Especiais, que considera a melhor inovação para a prestação da jurisdição feita no país. "Temos, enfim, um tribunal que administra recursos com competência, a ponto de dotar todas as comarcas de excelentes condições físicas. Por tudo isso, um Estado que se destacou pelo pioneirismo na busca de tantas soluções inovadoras certamente encontrará meio e modo de superar as dificuldades presentes", concluiu.

Fausto apóia redução da jornada

O presidente do Tribunal Superior do Trabalho (TST), ministro Francisco Fausto, afirmou ontem que apóia integralmente a proposta de redução da jornada semanal, de 44 horas para 40 horas, em discussão no Fórum Nacional do Trabalho. "Sou absolutamente favorável à redução da jornada e avalio que ela implicará a ampliação do mercado de trabalho no país", afirmou.

Segundo ele, a medida deve ser adotada sem redução salarial. "Já se registra hoje uma queda de 8% da massa salarial do país, o que é alarmante, e reduzir ainda mais os salários seria inadmissível." Para Fausto, a compensação às empresas, por conta da redução de horas trabalhadas, deveria ser feita pela via fiscal.

Francisco Fausto

O ministro lembrou que, na França, a redução da jornada de trabalho causou polêmica, pois não gerou o correspondente aumento do nível de emprego. "No Brasil, não creio que isso vá ocorrer", observou. "Teremos condições de gerar novos empregos com a redução da jornada e, sobretudo, com algumas medidas paralelas, como a proibição de horas extras exageradas. Até porque, se se reduz a jornada de trabalho e se paga horas extras aos empregados, isso pode destruir a intenção do governo de ampliar o emprego."

Para o presidente do TST, a preocupação do setor empresarial, de que a redução gere alta de preços, pode ser contornada com um sistema de compensação tributária.

Parcerias dão trabalho a presos

O Tribunal de Justiça (TJ/RS) contará com o apoio de mais 27 entidades no projeto "Trabalho para a vida", da Corregedoria-Geral da Justiça. As novas parcerias, que serão firmadas hoje, se somarão às três entidades que estão renovando a participação nessa iniciativa. O presidente do Tribunal de Justiça, desembargador José Eugênio Tedesco, e o secretário da Justiça e da Segurança, José Otávio Germano, participarão da solenidade, às 13h30min, no Tribunal de Justiça.

A união tem como objetivo gerar vagas de trabalho e proporcionar ensino profissionalizante aos apenados. O termo de compromisso a ser assinado pelas entidades públicas e privadas prevê a criação de 20 cooperativas de trabalho ou produção destinadas aos detentos do sistema prisional gaúcho.

Comunicado da Monsanto para sojicultores

Considerando que o plantio da soja deve começar dentro de poucas semanas, a Monsanto alerta que o plantio da Soja Roundup Ready® (soja transgênica) **continua suspenso por força da decisão do TRF de 8 de setembro de 2003.**

Independentemente desse processo de liberação, os agricultores que vierem a plantar a Soja Roundup Ready® **deverão levar em consideração o pagamento pelo uso da tecnologia no momento da comercialização da produção.**

A Monsanto continua a esforçar-se para tornar a tecnologia Roundup Ready® disponível aos produtores tão logo esteja liberada pela Justiça ou pelo Congresso Nacional e **espera que a decisão do Governo, a respeito da biotecnologia no País, seja baseada em fatos científicos.**

Há 50 anos a Monsanto participa da agricultura brasileira e acredita que novas tecnologias são necessárias para promover o crescimento do País. É o caso da Soja Roundup Ready®. Quando o seu plantio estiver liberado, **os agricultores poderão exercer sua opção de escolha e usufruir os benefícios que a biotecnologia tem proporcionado à agricultura** e aos consumidores dos diversos países que, legalmente, optaram por essa tecnologia.

0800-156242
www.monsanto.com.br

MONSANTO
imagine™

图2.1　2003年9月，孟山都公司致巴西大豆生产商的通知

上发布了整版广告（图2.2），提醒农民注意本公司的新政策：

为了开发转基因大豆，孟山都公司为测试和研究工作投入了巨资。今后，本公司还将每年投入5亿美元开发新技术，

图 2.2 2005 年 2 月，孟山都公司的报纸广告

如抗虫大豆、耐旱大豆和更加健康的大豆品种，等等。因此如果您在 2004 年至 2005 年种植转基因大豆，请务必知晓，出售作物时将收取使用抗农达技术所发生的特许权使用费。（孟山都，2005）

孟山都公司在巴西的特许权使用费系统相当于一种私有知识产权制度，绕过了公共政策和相关规定（Filomeno，2014）。诉讼当事人对孟山都公司的这种收费系统进行了谴责，认为这是一种自我调控的形式，跨国公司可以借此在交易过程中自行设定标准和规范，并采用必要措施来实施这些标准和规范（Filomeno，2014）。孟山都公司的商务经理曾坦言：

>（《植物品种保护法》）为农民保存种子的权利提供了保障，我认为我们将在巴西实行两种收费模式：一种是在非法大豆收获时收取（特许权使用费），另一种是合法种植的情况下，出售种子的时候收取（特许权使用费）。（Kassai，2005）

在这里，孟山都公司罕见地承认，巴西的《植物品种保护法》在事实上保障了农民保存种子进行重新种植的权利。不过这名商务经理在承认这种权利的同时，也提到这些种子是“非法的”，并提出了与这种权利相悖的一项指控。孟山都公司把针对谷物（而不是种子）所收取的特许权使用费作为一种“未经授权使用专利技术的赔偿”（ClicRBS，2005）。

孟山都公司特许权使用费策略的基础要素为《抗农达技术知识产权许可总协议》（*General Agreement on the Licensing of Intellectual Property Rights on Roundup Ready® Technology*，孟山都，日期不详），孟山都公司要求巴西种子生产商签署这份协议，随后才允许种子生产商生产并分销抗农达大豆。种子生产商签署这份协议之后便与孟山都公司建立了契约关系，负责向农民收取特许权使用费。该协议规定，种子生产商“同意作为孟山都公司的代表与大豆农民对接，根据《民法典》的有关规定，对大豆农民在田间使用的抗农达种子所包含的抗农达技术授予许可；种子生产商承诺，将按照本协议条款的规定向大豆农民收取特许权使用费，并向孟山都公司支付该项费用”（孟山都，日期不详）。

孟山都公司在巴西的特许权使用费系统包含了一款计算机系统，可以跟踪农民购买种子与销售谷物的情况。这份协议长达 25 页，其中的很多内容都在详细描述该系统的执行条件。协议序言部分指出：“孟山都公司开发了这项技术并声明，本公司在巴西针对为大豆赋予草甘膦除草剂抗性的基因序列（即‘抗农达技术’）持有知识产权。”（孟山都，日期不详）协议规定，孟山都公司的权利不仅扩展到“抗农达种子的生产和商业化”，同样涉及“抗农达大豆的种植和商业化”（孟山都，日期不详）。因此，鉴于“大豆农民普遍保存种子用于播种或种植”，孟山都公司将在农民获取种子的同时收取特许权使用费，并授权使用储备种子（孟山都，日期不详）。在这里，孟山都公司使用“储备种子”描述了大豆农民以自用（重新种植）为目的而保存的种子（孟山都，日期不详），并把“特许权使用费”定义为“大豆农民获取抗农达种子与 / 或使用储备种子而支付的对价”（孟山都，日期不详）。

巴西种子生产企业协会曾向协会成员发出警告：“所有已收到或将收到孟山都公司协议副本的种子生产企业，在签署协议之前都应咨询律师……因为……协议中的很多要素都无法在法律层面进行理解。”（Reis，2005）这份协议没有具体说明相关技术在巴西涉及哪些专利。鉴于巴西的立法现状，有关孟山都公司的知识产权扩展到生产和商业化的声明同样存在法律问题。根据《植物品种保护法》的有关规定，植物育种者所享有的知识产权适用于种子，但不适用于通过农作物收获的材料。[1]与孟山都公司进一步磋商之后，巴西种子生产企业协会做出让步并接受了协议，换取了较大份额的特许权使用费（Reis，2005）。南里奥格兰德种子协会（Associação dos Produtores e Comerciantes de Sementes e Mudas do Rio Grande do Sul，APASSUL）等协会成员对这份协议发起了谴责。

到了2006年，孟山都公司成功搭建了一种私有特许权使用费系统。无论种子来源于怎样的渠道，孟山都公司都可以收取特许权使用费。这种“双重赔偿计划”是一种十分精明的系统：农民在购买种子的时候不需要支付费用，但出售农作物的时候必须支付特许权使用费。这种系统在实际层面剥夺了农民保存种子的权利。

我为本书开展研究工作前后，一名大豆农民曾来到南

[1] 这是1978年版与1991年版《国际植物新品种保护公约》的主要差别之一。根据1991年版，植物育种者的权利扩展到相关的收获材料。巴西签署的是1978年版。

里奥格兰德当地的比安基尼加工厂，出售自己种植收获的 Intacta 大豆。Intacta 大豆是孟山都公司于 2013 年推出的第二代转基因大豆品种。这名农民看到这样一张海报（图 2.3）：

图 2.3 巴西大豆加工厂张贴的特许权使用费海报

尊敬的供应商，请注意：

根据工业与知识产权法律规定，须通过试验确定农作物品种。

关于 Intacta 大豆，供应商必须：

1. 具有购买合格种子时获取的许可；或

2. 同意提供该品种货物价值*7.5% 的折扣；

3. 同意在随后向第三方转运时，对货物净重提供 7.5% 的实物折扣。

请即时告知接收人员，货物品种是否为 Intacta 大豆。请不要将 Intacta 大豆与其他大豆品种进行混合。

（*货物价值 = 大豆出售时的市场价格）（比安基尼，日期不详）

在加拿大和美国，孟山都公司知识产权战略的法律基础在于农民向种子经销商购买种子时签署的《孟山都技术管理协议》（*Monsanto Technology Stewardship Agreement*）。孟山都公司曾根据该协议针对农民发起了数百起专利侵权诉讼（食品安全与种子保护中心，2013）。不过，孟山都公司于 21 世纪初进入巴西市场时曾亲口承认，这种方案在巴西缺乏可行性。在巴西，保存种子的做法远比美国普遍，孟山都公司缺乏对所有农民进行调查和起诉的手段。另外，起诉可能招致各界对孟山都公司进行报复。因此该公司设计了一种系统，把特许权使用费的收取工作委托给生产环节里的中间商，也就是种子生产企业和谷物运输商。这种系统的有效性将依赖于各方之间的合作，而孟山都公司有能力确保合作的顺利展开。

孟山都公司之所以能够成功实施这种独特的特许权使用费系统，原因有很多。最初，国际上曾把抗农达大豆吹捧为一种革命性的技术，甚至将其称为一种灵丹妙药。在这种氛围下，大豆种植者十分担心自己跟不上产业发展的步伐，产生了一种类似本章开头引言所包含的情绪。孟山都公司巧妙地利用了这种情绪。

该公司还利用了巴西在植物品种和生物技术性状知识产权领域缺乏专业性的现状。农业生物技术专利制度正在世界各地逐步得以实现，在巴西这样的国家，植物品种保护制度也在一步步推进。另外，孟山都公司还获得了各大农业联合会的支持。没有这些联合会的合作，特许权使用费系统就无法落地。对于很多大豆农民来说，他们的领袖团体没有选择捍卫农民的权益，而是开始与孟山都公司展开了合作。可以说，这种遭到背叛的心情也为未来的诉讼埋下了种子。

帕苏丰杜集体诉讼

2005 年 1 月，南里奥格兰德西北部地区的一家农村合作社代表 8000 名种植大豆的农民，获得了中止对农民收获的大豆收取特许权使用费的初步禁令。这次事件是巴西相关领域中的第一起案件。根据法官的裁决，孟山都公司抗农达技术专利涵盖了种子，但不能扩展到生产环节。法院责令孟山都公司中止对每包谷物收取 1.2 巴西雷亚尔（按当时的汇率相当于 0.49 美元）的特许权使用费。法官在判决中写道："《植物品种保护法》所授予的知识产权，包括那些与转基因有关的权利在内，显然只能扩展到植物繁殖材料，不能涵盖大豆的整个生产流程。"（法律顾问，2005）其他大豆农民在这起事件的鼓舞下，按照相同的理由提起了个人诉讼和集体诉讼。

不过一个月之后，另一位法官撤销了上述禁令，中止了针对转基因植物品种保存种子的权利：

> 《植物品种保护法》第 10 条专门规定了植物品种方面的知识产权，相关规定在这里无法适用。事实上，即便我们认为《植物品种保护法》废除了《工业产权法》所保障的权利（这里存在争议），相关条款也只能适用于农民首次获取种子时支付了特许权使用费的情况。但事实显然并非如此。众所周知，我国所有的转基因大豆种子均通过非法渠道入境，并非经由被告的销售。因此被告起初并未通过销售种子收取特许权使用费。（Cotricampo v. Monsanto，2005）

这位法官在判决中回避了应适用《工业产权法》还是《植物品种保护法》这一棘手问题，直接判定农民保存种子的权利无效，原因在于这些农民最初并没有通过孟山都公司购买商用种子。这里的推理过程可以使人联想到加拿大最高法院在“孟山都诉施迈泽”案中的裁定。在加拿大这起案件中，法官认为案件里的种子由孟山都公司所有，无论这些种子以怎样的方式出现在农民的田地中，同时也没有考虑种植这些种子在当时属于非法行为的问题。在同一时期的另一起案件中，法官对举证责任的主体进行了转移，认为“被告（孟山都公司）只有在能够证明本公司出售了这些种子的情况下才有权收取特许权使用费。被告无法进行举证，但举证责任也无法归于农民”（Costa，2005）。

通过这些案例可以看出，特许权使用费系统的早期争端产生了相互矛盾的各种解读方式。地方法官和高等法院的法官首次面临这一类复杂问题，需要对植物育种、基因工程、生物技术专利和植物育种者的权利等内容进行理解。巴西此前并未出现相关问题的法律先例，因此相关内容属于未知领域。更复杂的是，孟山都公司在巴西所享有的专利究竟具有怎样的法律地位，尚不为人知。

这些案件引起了大豆种植者路易斯·费尔南多·贝宁卡的注意。贝宁卡生活在帕苏丰杜，帕苏丰杜位于南里奥格兰德州北部大豆种植区的核心地带。贝宁卡曾因孟山都公司针对收获的作物收取特许权使用费而感到十分不满。在农村合作社获得禁令的鼓舞下，贝宁卡于 2005 年 6 月发起了个人诉讼并取得了相同的结果，得到了对自身有利的初步禁令。

在当时，贝宁卡是帕苏丰杜农村工会的主席，他决定把相关问题提交到南里奥格兰德州农业联合会（Federação da Agricultura do Estado do Rio Grande do Sul）。该联合会代表了大型农村生产企业和用工单位。2005 年 7 月，贝宁卡带着自己申请的禁令，在律师的陪同下来到楠米托克基，参加了联合会的区域会议。贝宁卡在当天的会场上拿起话筒，解释了相关问题，并建议联合会采取行动。出人意料的是，联合会主席回应：应该支付特许权使用费，否则孟山都公司将通过扣留海上的大豆货物进行报复。贝宁卡描述道："在公海上扣留船只？这简直太荒谬了……当时我就怀疑联合会与孟山都公司串通一气，而且这种怀疑是有根据的。"当贝宁卡坚持继续讲话时，联合会主席打断了他。贝宁卡痛苦地说道："没人能想到，我们自己的联合会正在替孟山都公司组织收取特许权使用费。"（访谈，33）

最终，贝宁卡在这起个人诉讼案件中败诉。[1] 尽管遭受了挫折，他并没有放弃。贝宁卡坚信，特许权使用费系统的法律基础不够稳固，而且他认为自己拥有了更强的说服力。因为与四年前首次向该系统发起挑战相比，如今的他对于相关法律问题有了更好的把握。贝宁卡很清楚，他无法期待联合会提供支持，于是他决定通过帕苏丰杜当地农村工会发起

[1] 贝宁卡曾向巴西高等法院提起上诉，但因程序问题遭到驳回。

诉讼。

2009 年 4 月 9 日，帕苏丰杜农村工会在南里奥格兰德州首府阿雷格里港的民事法庭，针对孟山都科技有限责任公司（Monsanto Technology LLC）和巴西孟山都公司提起诉讼。作为原告，帕苏丰杜农村工会在请愿书中主张，特许权使用费系统非法、专横且存在权利滥用现象，损害了数百万农民的集体利益。

原告请求法官将粮食生产作为公共利益问题纳入考量范围（Sindicato Rural de Passo Fundo–RS，2009）。具体来讲，原告认为孟山都的双重补偿系统违反了巴西的法律规定。原告主张，巴西通过颁布《植物品种保护法》明确排除了专利法对植物的保护。另外，巴西签署的是 1978 年版《国际植物新品种保护公约》，而非 1991 年版，未将知识产权扩展到通过植物获取的材料。原告请求法官对农民根据《植物品种保护法》所享有的权利进行重申，即，农民保存自己的农作物种子进行重新种植，将收获的农作物作为食品或原材料进行销售时不必支付特许权使用费，且小农之间有相互赠送或交换种子的权利。

农村工会主张，抗农达大豆特许权使用费收取的金额存在权利滥用现象，认为孟山都公司作为一家私营企业，正在以农民的权益为代价获取不当利益。根据原告提交的请愿书，孟山都公司本年度在南里奥格兰德州收取的抗农达大豆特许权使用费约 1.4 亿巴西雷亚尔（5800 万美元），在整个巴西共收取了大约10亿巴西雷亚尔（5亿美元）。[1]孟山都公司主张，农民通过与南里奥格兰德州农业联合会签署协议，自愿接受了特许权使用费。但农村工会否认了这种说法。农村工会提出，工会是农民的唯一合法代表，但特许权使用费的问题没有征求农村工会的意见，且农村工会未能在会议上对相关问题进行投票。

据此，农村工会请求法官宣布孟山都公司的特许权使用费违反法律规定，并要求特许权使用费的收取比例与传统植物品种的使用费水平相一致。农村工会还要求孟山都公司退还自2003年至2004年度收获季以来，针对谷物所收取的不正当费用。最后，农村工会要求法官将本案的案件标的额设为10亿巴西雷亚尔（5亿美元），并请求法院下令把争议金额存入托管账户，直至做出最终裁决为止。

这次法律行动由帕苏丰杜当地的农村工会发起，很快就得到了其他方面的支持。其他农村工会不久便加入了这次行动，其中包括圣地亚哥和赛尔特当地的农村工会。[2]这些农村工会所持意见与农业联合会领导层不同。值得注意的是，

---

[1] 孟山都公司没有公开本公司所收取的特许权使用费具体数额，但数额可以通过现有数据进行推断，比如认证种子的销售情况、大豆种植总面积、每公顷产量以及大豆市场价格等。

[2] 其他工会和组织同样表达了支持诉讼的意向，但为了避免进一步拖延诉讼程序，它们得到的建议是不要参与其中（访谈，29A）。

南里奥格兰德州农业工人联盟（Federação dos Trabalhadores na Agricultura do Rio Grande do Sul）于 2009 年 6 月一致投票加入了这次行动。该联盟由 350 个当地工会组成（FETAG, 2009）。农村工会代表的是大型农业生产企业和农村用工单位，而南里奥格兰德州农业工人联盟代表的是小农和农村务工人员。巴西本身存在的两极分化现象、广泛的合作改变了这起案件的面貌。这起案件不再是强大经济主体之间的利益纠纷，开始涉及小农的权利和生计（访谈，38）。另外，一些其他的团体作为利益相关方纷纷加入了这次行动，其中包括农民工会和农民协会，还包括一些公共机构，比如南里奥格兰德州检察院[1]、巴西国家工业产权局（Instituto Nacional da Propriedade Industrial）、种子生产商以及农业生物技术行业中的各类组织。2012 年 4 月，南里奥格兰德州民事法庭法官乔瓦尼·孔蒂（Giovanni Conti）对这起集体诉讼案件做出了裁决。[2]法官支持农村工会，并完全接受了相关主张（Sindicato rural de Passo Fundo v. Monsanto，2012）。他在判决中根据《植物品种保护法》的有关规定重申了农民的权

[1] 检察院是联邦和州一级的检察官机构，独立于巴西的三个政府部门。根据巴西宪法，检察院有权针对个人、商业企业、联邦州和市政府提起诉讼，保护少数民族、环境、消费者以及公民社会的权益。

[2] 根据这位法官的观点，考虑到案情的复杂性、缺乏判例的现状以及分析专利的需要，延迟三年是合理的（访谈，54）。

利，认为无论生产规模大小，农民均有权保存种子进行重新种植而无须支付特许权使用费，此外小农有权相互交换或赠送种子。法官认为，孟山都公司把技术授权给种子生产商并将种子销售给农民，已经穷尽了自身所享有的知识产权，无权针对收获的谷物再收取特许权使用费。因此法官裁定立即中止针对谷物收取特许权使用费，并处以每天 100 万巴西雷亚尔（513000 美元）的罚款。此外，孟山都公司必须退还自 2003 年至 2004 年度针对谷物收取的特许权使用费。孟山都公司随即针对该判决提起了上诉。

与此同时，孟山都公司和农村工会各自针对南里奥格兰德州法院临时禁令所包含的具体内容，向巴西高等法院（the Superior Court of Justice）提起特别上诉。[1] 孟山都公司希望终止这起案件，而农村工会则希望扩大影响范围。2012 年 6 月 12 日，巴西高等法院做出裁决。从上述两种角度而言，判决结果均不利于孟山都公司。

孟山都公司在上诉过程中针对农村工会代表诸多农民提起集体诉讼的合法性提出了质疑，认为相关事件应分别视为每一名种植大豆的农民与孟山都公司之间的纠纷（COAD,

[1] 在巴西司法系统中，高等法院是巴西本国审理违宪案件的最高法院。诉讼当事人只有在能够证明相关争议与宪法具有相关性的情况下，才能针对高等法院的裁决向联邦最高法院提起上诉。

2012）。法院驳回了孟山都公司的主张，认为可受理这起案件，并指出“目前的诉讼不仅仅是为了保护协会成员的劳动权益，更在于广泛保护所有与转基因抗农达大豆相关的农民的权益。换句话说，这次诉讼的目的在于整个专业类别的权益”（Monsanto v. Sindicato Rural de Passo Fundo，2012）。法院补充道，围绕特许权使用费所展开的讨论具有社会相关性，因为该费用在粮食价格上有所体现。

农村工会的上诉内容与这起案件所涉及的范围有关。在孟山都公司的请求下，南里奥格兰德州法院将判决所涉及的范围限定在本法院管辖范围，也就是南里奥格兰德州当地。农村工会要求巴西高等法院重新确立这起案件的全国相关性。巴西高等法院接受了农村工会的观点，认为特许权使用费将影响巴西所有的大豆种植者，因此任何判决都应该在全国范围内生效（COAD，2012）。

不过，巴西高等法院支持了孟山都公司针对中止收取费用和特许权使用费司法保证金提出的反对意见。这意味着巴西农民将继续支付特许权使用费，直至巴西高等法院对此案做出最终裁决。[1] 在高等法院的裁决下，该案件继续审理，

---

[1] 在巴西的一些个人诉讼案件和集体诉讼案件中，下级法院的法官批准了特许权使用费的司法保证金。不过，上级法院往往会在司法保证金生效之前推翻设置保证金的决定。为此，农民必须继续向孟山都公司支付特许权使用费，直至法院做出最终裁决为止。

案件范围涉及大约400万座农场（COAD，2012）。案件所涉及的特许权使用费共计大约150亿巴西雷亚尔（约77亿美元）（COAD，2012）。

在此期间，集体诉讼案件正在继续推进。2014年9月，南里奥格兰德州法院以2比1的投票结果推翻了孔蒂法官做出的裁决（Monsanto v. Sindicato rural de Passo Fundo，2014）。法院对专利法做出了狭义解释，认为抗农达大豆作为一种转基因工程产物，应受到《工业产权法》的排他性保护，选择使用抗农达大豆的群体有义务在使用相关技术的情况下向专利权人提供补偿。

随后，农村工会向巴西高等法院提起特别上诉。法院认为本案的核心问题在于，在大豆受到专利保护的情况下，农民是否有权通过作物获取并保存种子，用于重新种植。2019年10月，巴西高等法院的9位法官一致裁定孟山都公司胜诉（Sindicato Rural de Passo Fundo v. Monsanto, 2019）。布齐（Buzzi）法官在判决的开篇部分发表了一份长篇声明，对大豆在巴西农业出口中的重要性进行了说明，揭示了经济因素对本案判决的影响程度。法院认为，专利产品用于增殖和商业宣传的情况下，不应适用权利穷竭原则。法院还认为，《植物品种保护法》第10条中的植物育种者权利例外情况仅适用于植物品种证书持有人，也就是植物育种者。法院指出，当专利客体存在于植物繁殖材料中时，这些例外情况对于涉及转基因工程工艺或产品的专利权人不具有强制性。这项裁决极大地限制了巴西各地的农民通过转基因植物品种保留种子的权利。

孟山都公司对抗农达大豆所享有的知识产权

特许权使用费出现的早期阶段，没有人知道抗农达大豆在巴西具体受到哪些知识产权的保护。在专利信息方面，抗农达大豆本质上是一种“黑匣子”（Rodrigues, Lage, and Vasconcellos，2011）。孟山都公司没有做出相关澄清（Souza Junior，2012），只是含糊地表示抗农达大豆受到一系列知识产权的保护，但许可协议中并没有列出专利号。马托格罗索州农业畜牧业联盟（Federação da Agricultura e Pecuária do Estado de Mato Grosso，FAMATO）的一名律师对 Intacta 大豆的许可协议进行了分析，指出“虽然各方面提出了很多要求，其中包括来自法院的要求，但孟山都公司并没有披露专利号”（马托格罗索州农业畜牧业联盟，2013）[1]。孟山都公司

[1] 比如，2013 年，马托格罗索州大豆和玉米生产企业协会（Associação de Produtores de Soja e Milho do Estado de Mato Grosso，APROSOJA-MT）曾向马托格罗索州当地法院提起诉讼，要求孟山都公司出示 Intacta 大豆的专利（Tubino，2013）。

采用的另一种策略为，通过提供无关信息来混淆视听。一名法律专家在帕苏丰杜集体诉讼案中观察到，“PI–9708457–3号专利与82–2012号集体诉讼案的主题之间没有关系，甚至不存在任何关联。这项专利肯定是为了混淆这起案件的核心法律问题”（Barbosa，2014，355）。

在一系列法律行动的推动下，很多律师和法律研究人员开始深入研究相关问题。孔蒂法官曾在帕苏丰杜集体诉讼案中征询了专家意见，形成了揭示孟山都公司巴西专利权现状的早期调查报告之一。孔蒂法官在调查中询问了来自一所公立大学的植物育种家路易斯·卡洛斯·费德里齐（Luiz Carlos Federizzi），请他就孟山都公司在巴西针对抗农达大豆技术所享有的专利权发表专家意见。费德里齐通过监管机构获取了孟山都公司的商业许可申请文件，文件内容包含了专利信息。孟山都公司曾在巴西通过管道机制申请专利（参见第一章），于是费德里齐查看了相应的美国专利申请文件。[1]

费德里齐得出了很多结论。首先他总结道，孟山都公司向法院提交的五项专利中，只有一项与本案有关：“在对本起案件所涉及的专利进行详细分析，以及向国家工业产权局、美国专利商标局咨询后，可以看出，与巴西国家生物安

---

[1] 与巴西管道专利（1100008–2）相对应的美国专利号为US Patent 5627061。

全技术委员会批准的孟山都公司专利相对应的美国专利为 PI 1100008-2。因此本案中的其他专利或是包含在 PI 1100008-2 中，或是已由该专利取代，在这里无须考虑。”（Federizzi，2011，16）

另外费德里齐已确认，这项专利在美国申请 20 年后，也就是 2012 年 8 月 31 日于巴西过期。他还注意到，两项专利申请中包含的权利要求不同：美国专利制度中的一些权利要求得到了修改，还有一些权利要求直接从巴西的管道专利中遭到去除。原因很简单，美国可以为一种基因授予专利，但巴西不允许对基因授予专利。因此孟山都公司删除了与基因有关的所有项目，转而专注于在大豆植株周围控制杂草的工艺（访谈，39）。这样一来，权利要求的数量出现显著增长。最初的美国专利包含了 8 项权利要求，而相应的巴西专利包含了不低于 73 项内容（Federizzi，2011）。这里就出现了专利有效性的问题，因为通过管道机制获得专利的条件之一为权利要求必须与原始专利中的权利要求相同。权利要求界定了一项发明的性质（工艺或产品）以及保护范围，因此权利要求是一项专利最重要的内容。

2013 年，马托格罗索州农业畜牧业联盟和巴西大豆生产企业协会（Associação de Produtores de Soja，APROSOJA）委托对孟山都公司的知识产权进行了另一项法律研究，国际知名的巴西生物技术专利法学家丹尼斯·博尔热斯·巴尔博扎撰写了研究报告。这份报告对孟山都公司在巴西的专利和契约模型进行了最为深入的法律分析（Barbosa，2014）。

巴尔博扎发现，孟山都公司曾向巴西专利局提交了14项与抗农达大豆和Bt棉花相关的专利申请。[1]截至2013年2月巴尔博扎发表研究报告，这些专利均未生效。孟山都公司此前自行撤回了一部分申请，巴西专利局驳回、存档了一部分申请。还有一些专利虽然得到了批准却已经到期。最后一项有效专利PI 1100008-2已于2010年8月到期。在这里，巴尔博扎证实了费德里齐的发现，即这项技术已于2010年9月进入公共领域（Barbosa，2014）。

孟山都公司辩称，这项专利的延期事宜由巴西法院进行了审理，因而本公司在专利到期后仍然继续收取了特许权使用费。孟山都公司确实已向巴西专利局提交了14项专利中的7项延期申请，但专利局否决了所有这些申请。[2]为此，孟山都公司曾多次向巴西专利局提出质疑。

---

[1] 以下为申请中的管道专利（粗体为孟山都公司试图延期的专利）：PI 8706530-4，PI 1100009-0，PI 9007159-0，PI 1100007-4，PI 9007550-1，PI 9508620-0，**PI** 1100008-2，**PI** 1101069-0，**PI** 1101070-3，**PI** 1101047-9，**PI** 1101048-7，**PI** 1101049-5，**PI** 1101045-2，**PI** 1101067-3（Barbosa，2014，335）。

[2] 在PI 1100007-4“抗草甘膦植物”的案例中，巴西专利局批准了延期，但随后又撤销了决议（Baumer，2005）。

抗农达大豆的专利 PI 1100008-2 同样包含在遭到否决的申请之中。1996 年，孟山都公司根据《工业产权法》的管道机制向巴西专利局申请了一项有关草甘膦耐受的专利。专利局于 2007 年向该技术授予 PI 1100008-2 号专利（Barry 等，2007）。该公司曾于 1990 年 8 月 31 日在美国提出原专利申请，保护期限为 20 年，因此这项专利于 2010 年 8 月 31 日到期。

不过，孟山都公司在美国通过部分延续专利申请为这项专利延长了 4 年期限。“部分延续”是美国专利法特有的一种概念。在这种制度下，法律允许申请人对已获得专利的发明进行改进，并延长原专利的保护期限。这种制度曾遭到批评，批评人士认为这其实是一种允许企业将排他性专利权延长至 20 年以上的“专利长青化”制度。在抗农达大豆的案例中，孟山都公司于 1990 年 8 月 31 日在美国提交了首次专利申请并获得美国专利 RE39247（Barry 等，2006）。随后，孟山都公司撤回了这次申请并提交了部分延续申请，获得了保护期限至 2014 年 5 月的专利。[1]

---

[1] 整个过程可以连续申请。比如孟山都公司在美国的一项抗草甘膦性状专利申请中写道：“1997 年 4 月 7 日的 08/833485 号延续申请，现专利号 5804425，为 1994 年 9 月 13 日提交的 08/306063 号延续申请，现专利号 5633435。后者为 1991 年 8 月 28 日提交的 07/749611 号申请的部分延续申请（现已作废）。该申请为 1990 年 8 月 31 日提交的 07/576537 号申请的部分延续申请（现已作废）。”（《官方公报》，2001，2820）

孟山都公司希望在巴西对抗农达大豆专利如法炮制。该公司认为，管道专利的保护期限应与相应的外国专利保护期限相对应。2008 年，孟山都公司向巴西专利局申请将专利保护期限延长至 2014 年 5 月，与其美国专利相一致（Barbosa，2014），但巴西专利局于 2011 年 4 月驳回了延期申请（Sindicato Rural de Passo Fundo v. Monsanto，2012）。于是孟山都公司在里约热内卢法院向巴西专利局提出了质疑。巴西《工业产权法》第 230、231 条明确规定了管道专利的保护期限。孟山都公司于一审和二审败诉，并向高等法院提起上诉。涉及孟山都公司巴西管道专利延期的诉讼于 2013 年 6 月由高等法院受理。维拉斯·博阿斯·奎瓦（Villas Bôas Cueva）法官认为，“对外国专利提供的保护，也就是所谓的管道专利，应在专利最初提交国家保护期限的剩余时间内生效，最长至巴西法律所允许的期限，也就是 20 年。这一期限的起始时间应为该专利在外国首次提交申请的时间，即便此后放弃申请，起始时间仍然生效”（Monsanto v. INPI，2013）。

孟山都公司向巴西专利局申请延长管道专利保护期限，随后便针对巴西专利局的否决多次提起诉讼。这种做法为孟山都公司争取了时间，并使其大豆品种是否享有专利保护的问题长期处于不明确的状态中。孟山都公司的这种策略在一定程度上取得了效果。2013 年 2 月之前，也就是 PI

1100008–2 专利到期后的两年半时间里，该公司一直在收取抗农达大豆的特许权使用费。随后，孟山都公司已做好准备将其第二代转基因大豆 Intacta RR（Roundup Ready，抗农达）2 PRO 推向市场。这种大豆与大多数第二代转基因生物类似，存在“堆叠”现象，除 RR1 大豆所具有的除草剂耐受性外，还添加了一种叫作 Bt（Bacillus thuringensis，苏云金芽孢杆菌）基因的杀虫基因。第二代大豆所收取的特许权使用费明显高于 RR1 第一代大豆：前者费率为 7.5%，后者为 2%。

引进 Intacta 大豆时，孟山都公司已在巴西获得了一项与该品种有关的专利 PI 0016460–7（Fincher，2012）。巴西专利局最初根据《工业产权法》第 18 条第 3 款排除可专利性的规定否决了这次申请，于是孟山都公司撤回了所有与有关规定相冲突的权利要求，重新提交了申请。巴西专利局再次提出否决，对这项发明是否具有独创性进行了质疑。经过进一步交涉，巴西专利局最终于 2012 年 10 月为这项发明授予了专利（专利到期时间为 2022 年 10 月）。这项专利共包含 10 项权利要求，涉及 DNA 序列、DNA 结构、DNA 序列表达方法以及控制杂草的方法等内容。

孟山都公司的巴西大豆营销经理很快做出强调，2022 年的到期时间不能反映“真正”的保护期限：“考虑到目前巴西专利局正在联合分析该技术的全新申请，相关时间框架无法反映这项专利的最终有效性”（Folha do Cerrado，2014）。事实上，孟山都公司提交了涉及该技术各方面的其他至少九项申请，正在接受巴西专利局的审查。可以看出，孟山都公司为了加强自身所享有的专利保护而进行了多项专利申请。一位法律分析人士在评论撤销 PI 0016460–7 号专利的可能性时指出：“审查决议将仅仅影响一项专利，目前尚不清楚孟山都公司借助了多少补充专利来保护 Intacta RR2 PRO 大豆种子。”（Jurrens，2018）

帕苏丰杜集体诉讼案发生于 2009 年，当时人们对孟山都公司在巴西的专利情况知之甚少。这场诉讼存在很多问题。农村工会和南里奥格兰德州农业工人联盟向高等法院提出特别上诉时，决定避开以专利为核心的问题，因为他们认为专利问题可能会影响案件的可受理性（访谈，29B）。比如法院可能会认为，相关内容没有包含在最初的请愿书里，属于专门法院的管辖范围。

2017 年，巴西马托格罗索州大豆和玉米生产企业协会向联邦法院提起诉讼，对孟山都公司 Intacta 大豆的 PI 0016460–7 号专利提出了质疑。这是第一次专门针对专利，而非普遍针对特许权使用费问题的法律行动。该协会基于两个理由请求法院撤销专利。首先该协会认为，孟山都公司的这项专利结合了已经存在的技术，不满足独创性方面的要求。[1] 其次，这项发明没有按照技术人员可以在公共领域进行复制的方式进行描述，不满足可专利性方面的相关要求。巴西专利局向法院提交了一份文件，支持撤销本专利局于2012年向孟山都公司授予的这项专利（Tosi，2018）。这里需要注意的是，马托格罗索州大豆和玉米生产企业协会通过技术方面的原因请求撤销专利，而没有采用相关专利不符合巴西法律排除可专利性规定的理由。

帕苏丰杜的这次集体诉讼产生了多方面的广泛影响。第一，这次诉讼使大豆种植者、农民工会代表、律师、公务员乃至法官提升了知识产权专业知识水平。在此10年之前，巴西各领域普遍缺乏相关的知识储备。第二，这次诉讼揭露了孟山都公司享有专利的情况，在某些情况下将孟山都公司专利有效性的问题公之于众。第三，通过这次诉讼可以看出，孟山都公司为了收取大豆品种特许权使用费而建立了私有知识产权机制，颠覆了巴西在植物品种保护方面的法律规定。第四，通过这次诉讼还可以看出，公私合作的经营模式往往会模糊公共研究与商业开发、公共利益与私人利益之间的界限。20世纪90年代中期，巴西农业研究公司与孟山都公司签署了技术合作协议，将抗农达大豆引入本公司的大豆

[1] 该论点得到了一部分法律研究者的支持，参见阿维拉作品（Ávila，2015，121-125）。

品种，成为孟山都公司生物技术特许权使用费系统的直接受益者，获取了经济利益。在回应帕苏丰杜集体诉讼对特许权使用费系统的质疑时，来自巴西农业研究公司的一名研究人员说道："本公司拥有其他资金来源，但如果特许权使用费中断，我们的预算将减少 500 万至 1000 万美元，一些研究项目将被迫中止。"（Massarini，2012）最后，这次集体诉讼涉及转基因品种和农民保存种子的权利问题，促使司法部门对专利法与植物品种保护之间的冲突进行了审查。

大约同一时期，位于地球另一端的印度出现了有关 BT 棉花的诉讼案件，一系列类似问题成为人们关注的焦点。

第三章

Bt 棉花：从未实现的专利

CHAPTER 3

美国跨国公司孟山都将转 Bt 基因保铃棉（Bollgard）引入印度 14 年后，该品种是否在印度获得了专利仍然不为人知。

——《印度时报》（*The Times of India*，Arya and Shrivastav，2015）

对于农业生物技术企业来说，除大豆以外，棉花是另一个巨大的潜在市场。孟山都公司把苏云金杆菌这种土壤细菌的基因植入了棉花基因组，开发了一种转基因棉花。苏云金杆菌的拉丁文术语为 Bacillus thuringensis，因而得名“Bt”。Bt 基因可以促使植物细胞生成一种叫作“Cry1Ac”的蛋白质，这种蛋白质对于美国棉铃虫、斑点棉铃虫、棉红铃虫等主要的棉花害虫来说具有毒性。这种基因工程性状名为“Event 531”，1996 年在美国以“Bollgard- Ⅰ”“BG- Ⅰ”的商标首次得以商业化。抗农达大豆等抗农达作物可以耐受除草剂，而包括 Bt 棉花在内的 Bt 作物可抵御害虫。这两种性状开始在同一种植物上出现堆叠趋势，广泛分布在世界范围内种植的所有转基因作物中。2019 年，堆叠性状占全球转基因作物面积的 45%，耐除草剂作物占 43%，抗虫作物占 12%（国际农业生物技术应用服务组织，2019）。

印度遗传工程审批委员会（GEAC）于 2002 年批准了

Bt 棉花在印度的商业种植。2006 年，孟山都公司推出了第二代 Bt 棉 Bollgard–Ⅱ（BG–Ⅱ）。这一代产品对 Cry1Ac 和 Cry2Ab（Event 15985）两种基因进行了堆叠，以“增强型 Bt 棉”的名义销售。

Bt 棉花开始进入印度时经历了各种争议，其中包括非法传播未经授权的品种、农民自杀以及抗虫性的发展变化等。[1] 尽管存在诸多争议，Bt 棉花仍然得到了迅速传播。2016 年约有 700 万农民在 1000 万公顷的土地上种植 Bt 棉花，种植面积高达印度本国棉花产区总面积的 90%（Bera and Sen，2016；Das，2016）。到了 2021 年，Bt 棉花仍然是印度唯一获得批准的转基因作物。2005 年，阿鲁娜·罗德里格斯向印度最高法院提起一项公共利益诉讼，质疑印度政府在缺乏适当的生物安全协议议定书的情况下释放转基因生物，这次诉讼阻止了其他转基因作物品种获得批准（Aruna Rodrigues v. Union of India，2005）。

[1] 印度 Bt 棉花在这些方面的问题超出了本书研究范畴。相关内容参见斯库恩斯作品（Scoones，2006）、赫林作品（Herring，2007）、格洛弗作品（Glover，2009）、斯通作品（Stone，2012）、克兰蒂作品（Kranthi，2016）、弗拉克斯作品（Flachs，2019）。

公私合营知识产权制度：孟山都公司的转授权模式

在 20 世纪 90 年代基因工程早期阶段，孟山都公司曾把本公司持有的基因授权其他公司使用，一次性收取款项。这种做法实际上放弃了基因的控制权。1992 年，孟山都公司曾授权总部设在美国的先锋种子公司（Pioneer）在大豆品种中永久使用抗农达基因，先锋公司一次性支付了 50 万美元（Charles，2001）。

最初，孟山都公司在印度采取了类似的策略。2002 年，孟山都公司向印度政府提出，以一次性付款的方式转让 Bt 技术，以便政府能够为公共部门的棉花品种引进相关性状。然而印度政府认为孟山都公司提出的 4000 万印度卢比（127.5 万美元）要价过高，交易以失败告终。来自印度农业研究理事会（Indian Council of Agricultural Research）的一位科学家认为："孟山都公司准备一次性转让整个技术。只需要支付 4000 万印度卢比，印度公共部门就可以免费使用这项技术。即便政府随后转让给私营部门，这次交易仍然划算得多。"（Arya and Shrivastav，2015）事后看来，这个价格确实远低于 2002 年以来孟山都公司在印度收取的 Bt 棉花特许权使用费，或者所谓的“性状费”。[1]孟山都公司没有公开本公司总共收取了多少特许权使用费。但根据印度种子行业的消息来源，2002 年至 2015 年孟山都公司在印度总共收取了超过 7.8 亿美元的费用，折合 500 亿卢比左右（*Economic Times*，2015）。

最终，孟山都公司制订了一种利润率更高的方案，直接向农民收取技术费用，“购买种子实际上是在通过单独交易购买新基因”（Charles，2001，152）。通过这种方法，孟山都公司将基因单独向每一名农民进行了授权。在美国和加拿大，农民购买种子时直接与孟山都公司签署技术使用协议。在巴西和印度，孟山都公司使用了间接的方法，分别与巴西的谷物贸易商和印度的种子企业签订了转授权协议。孟山都公司通过这些协议保留了对定价的控制权，同时可以禁止保存种子。更重要的是，孟山都公司可以在不受专利获取与专利权行使能力的影响下，通过这些协议对技术保留控制权。2006 年，伊恩·斯库恩斯（Ian Scoones）观察到，“通过向合作伙伴收取技术许可费用，通过其他参与方进行系统的市场渗透，即便缺乏强有力或者可实施的知识产权保护，孟山

[1] 孟山都公司在印度创造了“性状费”一词，意指 Bt 基因所赋予的估计价值。根据一部分评论人士的观点，性状费不过是一种“全新名义的特许权使用费”（Shiva，2016a）。

都公司同样可以在研发和许可监管方面获得良好的投资回报”（2006，165）。

在印度和巴西的农村地区，孟山都公司面临着比美国更复杂且更加分散的现状。数百万农民掌握着小块土地，不利于执法，因此不便与农民单独签署许可协议。为了规避这些障碍，孟山都公司根据本公司与印度种子企业签署的广泛许可协议，制定了其他的知识产权策略和营销策略。

1988 年，孟山都公司与印度一家知名种子企业马海可公司（Mahyco），也就是马哈拉施特拉杂交种子公司（Maharashtra Hybrid Seeds Company）以对等持股的方式成立了一家合资企业——马海可孟山都生物技术有限公司（Mahyco Monsanto Biotech Limited，MMB）[1]，由这家合资企业在印度销售 Bt 棉花种子。1996 年，马海可公司在印度环境与林业部的许可下，进口了 100 克孟山都 Bt 棉花种子。根据本公司与孟山都公司[2]签署的许可协议，马海可孟山都公司使用这些免费捐赠的种子将 Bt 性状基因“渗入”了本公司的杂交棉花品种。2002 年，马海可孟山都公司推出了

[1] 1998 年，孟山都公司收购了马海可公司 26% 的股份。

[2] 美国孟山都公司在印度有一家全资子公司，名为“孟山都控股私营有限公司”（Monsanto Holdings Private Limited）。在本章，我把二者统称为“孟山都公司”。

首批 Bt 棉花品种，其中包括 Bt Mech 12、Bt Mech 162 和 Bt Mech 184。该公司还向印度种子企业转授权了 Bt 基因。2004 年，由印度种子公司根据转授权协议开发的首个转基因品种得以释放，也就是由拉西种子公司（Rasi Seeds）开发的 RCH2 品种。大约 50 家印度种子企业成为马海可孟山都公司的分许可持有人。

孟山都公司与印度种子企业之间的转授权协议一直处于保密状态中。不过在严格的审查制度下，一部分条款被公之于众。根据协议，孟山都公司向一家种子公司捐赠含有 Bt 性状的种子，该种子公司随后会通过传统育种技术将 Bt 性状渗入本公司的棉花品种。孟山都公司声称，种子公司将把 Bt 性状渗入专营杂交棉花品种，而不会涉及开放授粉品种（Sally and Singh，2019）。我们曾在本书前言中提到，杂交品种的种子可以在种植过程中得以保存，但产量会逐代下降，因此农民需要每年重新购买种子。也就是说，孟山都公司把 Bt 基因限制在专营杂交品种范围内，进而确保农民每个种植季都来购买种子（Kranthi，2012）。[1] 协议规定，种子公司须向孟山都公司预付 500 万印度卢比（2002 年约折合

[1] 另外，根据分许可协议的规定，分许可方必须在 BG-Ⅱ品种获得商业批准的 3 年后，或者 BG-Ⅱ首次种植 5 年后撤回 BG-Ⅰ Bt 棉花（Ramanjaneyulu，2016）。

10 万美元）。[1] 另外，种子公司需要按照每包种子销售价值的百分比缴纳费用。1 包 450 克的 BG-Ⅰ棉花种子（可种植 1 英亩[2] 土地）最初售价为 1600 至 1800 印度卢比（33 至 37 美元），该价格的四分之三，也就是 1250 印度卢比（26 美元）将作为特许权使用费支付给孟山都公司。

马海可孟山都公司享有 Bt 技术的有关权利，不过种子公司可根据《植物品种和农民权益保护法》的规定，针对本公司所开发的 Bt 棉花品种享有植物育种者权利。这样一来，种子公司便获得了 Bt 棉花品种在销售方面的排他性权利。不过为了获得有关部门颁发的植物育种者证书，2017 年之前种子公司必须提交孟山都公司发放的无异议证书。顾名思义，无异议证书表明，对于种子公司自行开发植物品种的注册以及该品种包含孟山都基因等有关事宜，孟山都公司无异议。

这种规定构成了特许权使用费系统的关键内容。孟山都公司在与种子公司针对转授权协议进行谈判时可以借此掌握主动权，种子公司必须首先获得孟山都公司的无异议证书，随后才能享有 Bt 棉花品种植物育种者的权利。实际上，Bt 棉花是政府机构为自身所监管的行业谋取利益的一个示例。

---

[1] 以印度卢比计量的金额按照有关年度的官方汇率（本币 / 美元，期间平均值）换算为美元。

[2] 1 英亩约为 4046 平方米。——编者注

在此过程中，政府机构并未顾及公共利益。这种现象被称为“管制俘获”。在印度和巴西，孟山都公司的知识产权建立在私人合同的基础之上。不过在印度，这种现象可视为一种公私合营制度，私有知识产权在一定程度上依赖于公共机构的配合。

总而言之，在孟山都公司的转授权制度下，Bt 棉花种子或是直接出售给孟山都公司的合资企业兼许可持有人马海可孟山都公司，或是出售给那些与马海可孟山都公司签署转授权协议的种子公司。[1]到了 2010 年后几年，孟山都公司已直接或间接控制了超过 95% 的印度 Bt 棉花市场（Jayaraman, 2012）。

Bt 棉花的法律纠纷

2005 年前后，围绕 Bt 棉花种子价格与特许权使用费的矛盾在印度南部的主要种子生产区和棉花种植区安得拉邦爆

[1] 2006 年至 2009 年，孟山都公司面临着另外三家印度生物技术公司的竞争，包括麦塔海力克斯（Metahelix）、JK 农业遗传（JK Agrigenetics）和纳特种子公司（Nath Seeds）。这些公司都在销售各自拥有的第一代（单基因）Bt 品种。这种竞争局面十分短暂，因为这三家公司先后成为孟山都公司双基因 BG-Ⅱ技术的分许可持有人。BG-Ⅱ与 BG-Ⅰ不同，BG-Ⅱ在印度获得了专利。

发。2006 年，Bt 棉花占据了安得拉邦本地棉花种植面积的三分之二（GRAIN，2006）。一包 450 克的 Bt 棉花种子最初售价 1600 至 1800 印度卢比，是普通棉花种子价格的 6 倍。然而在第一个生长季节，印度三个主要的棉花种植邦（马哈拉施特拉邦、古吉拉特邦、安得拉邦）出现了各种问题，其中包括种子不发芽、虫害、真菌性病害以及农作物歉收等（Krishnakumar，2004）。

2005 年 8 月，两个左倾农民组织[1]向垄断与限制性贸易委员会投诉了马海可孟山都公司。农民组织声称该公司对具有 Bt 性状的种子收费过高，并要求委员会禁止该公司任意设置特许权使用费费率。

2006 年 1 月，安得拉邦政府同样要求委员会针对马海可孟山都公司和一些分许可持有人[2]展开调查，认为该公司涉及限制性贸易活动，在印度收取的特许权使用费高于中国。在中国，一包种子的价格为 1 美元，而在印度的价格比中国

[1] 全印度农民协会（All India Kisan Sabha）成立于 1936 年，是印度共产党的农民阵线。安得拉邦农民组织（Rythu Sangam）同样隶属于印度共产党。农民组织得到了民间社团组织的支持，包括基因运动、印度社会行动论坛等。

[2] 除孟山都公司和马哈拉施特拉孟山都公司外，起诉书里提到的公司还有马海可公司、努兹维杜公司、普罗阿格罗公司（Proagro）和拉西种子公司（Rasi）。

高出了25倍（印度竞争委员会，2016）。[1]根据印度农业部部长提供的数据，2002年至2005年间，安得拉邦的棉农在Bt棉花种子上花费了大约13亿印度卢比（3000万美元）。其中，60%的费用作为特许权使用费流入了马海可孟山都公司（GRAIN，2006）。委员会收到投诉的同时，该公司将特许权使用费费率下调了30%（印度竞争委员会，2016）。

垄断与限制性贸易委员会在2006年5月发布的一项决议中表示，委员会发现种子公司只有签署转授权协议才能生产Bt棉花，这表明相关领域缺乏竞争，而且马海可孟山都公司收取的特许权使用费过高。委员会责令该公司把特许权使用费下调到与其他国家同等的合理水平。此外，委员会指示政府根据《基本商品法》（*Essential Commodities Act*）的规定设定一包棉花种子的最高销售价格（Govt of AP v. MMB，2006）。这起案件是由邦政府代表农民发起的首次公共利益诉讼，邦政府将法院颁发的指令视为农民群体的一次重大胜利（Venkateshwarlu，2006）。

同月，安得拉邦政府将BG-Ⅰ Bt棉花种子的价格设为每包750印度卢比（17美元），BG-Ⅱ价格设为925印度卢

[1] 与印度不同的是，中国农业科学院成功培育了自有的Bt棉花品种，给孟山都公司带来了激烈竞争。

比（20美元）[1]。马海可孟山都公司随即针对政府和委员会向印度最高法院提出质疑，理由是政府的举动不符合法律规定，而委员会逾越了自身的管辖权范围，没有权限设定价格（Mehta，2006）。最高法院受理了这起案件，但拒绝中止邦政府的指令。

2006 年 6 月，在安得拉邦政府取得成功的鼓舞下，其他 7 个棉花种植邦签署了一份谅解备忘录，呼吁针对 Bt 棉花特许权使用费的问题采取通用的解决方法。[2] 这些邦针对“在现代技术的外衣下剥削农民”的行为进行了谴责，呼吁成立国家种子价格监管机构，并进行种子方面的全面立法（Pantulu，2006）。马哈拉施特拉邦、古吉拉特邦和中央邦效仿安得拉邦，根据《基本商品法》对 Bt 棉花种子的价格进行了管制。[3]

在垄断与限制性贸易委员会和最高法院审理案件期间，马海可孟山都公司与其分许可持有人达成了“和解与解除索

---

[1] 2007 年，各类农民组织成功向政府施加了压力，要求进一步对 Bt 棉花降价，把 BG-Ⅰ的价格降至 650 印度卢比（16 美元），BG-Ⅱ降至 750 印度卢比（18 美元）（UNI，2007）。

[2] 这七个邦分别是马哈拉施特拉邦、古吉拉特邦、卡纳塔克邦、泰米尔纳德邦、旁遮普邦、中央邦以及西孟加拉邦。

[3] 马哈拉施特拉孟山都公司对这三个邦发起挑战，并在针对中央邦的诉讼中胜诉。原因在于中央邦政府未能制定特殊法律（Jishnu，2010a）。

赔协议”，将 BG-Ⅰ的性状价值重新调整为 150 印度卢比，折合 3.63 美元（印度竞争委员会，2016）。[1] 每包棉花种子的最高零售价已设定为 750 印度卢比，该公司显然无法再收取高达 1250 印度卢比的特许权使用费。达成和解之后，马海可孟山都公司于 2009 年撤回了向最高法院提起的上诉。

2010 年左右，那些通过了《棉花种子法案》（*Cotton Seeds Acts*）的邦不仅开始规范种子价格，还开始规范马海可孟山都公司收取的特许权使用费。安得拉邦将 BG-Ⅰ的特许权使用费定为 50 印度卢比（1.09 美元），将 BG-Ⅱ定为 90 印度卢比（1.97 美元）（Kurmanath，2010）。后来，种子公司声称，马海可孟山都公司无视这些规定，继续收取了高额的特许权使用费（印度竞争委员会，2016）。[2]

2004 年至 2014 年，印度国大党领导的团结进步联盟上台执政。中央政府多次干预相关问题，破坏了各邦的管制。

---

[1] 为了弥补相关损失，该行业将每英亩种子推荐量从一包改为两包，使交易量翻了一番（Ramanjaneyulu，2016）。

[2] 当时有报道称，棉籽生产区出现了全新的童工形式。棉花种子通常由小农场生产，并出售给本国公司或者跨国公司。这些棉籽生产商通过中间商与成人劳工和童工签订合同，在杂交棉籽生产过程中，聘用劳动力从事烦琐的异花授粉工作（Venkateswarlu，2010）。根据一名活动人士的观点，这种局面背后的推动力在于，种子公司试图通过在生产过程中压榨劳动力来维持不受监管的高额特许权使用费，以及受到监管的最高零售价中的利润率（访谈，14A）。

比如，中央政府从《基本商品法》中删除了棉花种子，削弱了各州根据这部法律对棉花种子的价格管制等。[1]在 2014 年 5 月的大选中，右翼民族主义政党印度人民党上台。在私人恩怨和民族主义政治的推动下，围绕 Bt 棉花的冲突步入了新篇章。

印度教极端民族主义运动转变为国民志愿服务团（Rashtriya Swayamsevak Sangh），其中的一部分组织对转基因生物和跨国公司怀有抵制态度，[2]印度农民协会（Indian Farmers' Union）便是其中之一。该组织自称有 200 万成员，致力于传统农业知识与实践。此外还有提倡自力更生、批评外国直接投资的“国民觉醒阵线”。国民志愿服务团的各类组织普遍与印度人民党领导的全国民主联盟政府保持一致，但有时也会走上街头，谴责政府的策略具有“反农民”倾向。

2014 年，印度人民党作为国民志愿服务团的政治分支

---

[1] 在印度，农业领域由各邦分管，但中央政府拥有价格控制权。因此棉花种子价格管制处于中央政府和邦政府之间的灰色地带。

[2] 国民志愿服务团的文化分支组织世界印度教理事会（Vishva Hindu Parishad）属于一种例外情况。该组织支持转基因生物，并谴责批评人士具有“反科学”倾向（Chowgule，2015）。关于国民志愿服务团组织在转基因作物方面的分歧，参见基什努作品（Jishnu，2015）。

当选之后，印度农民联盟、国民觉醒阵线等国民志愿服务团组织开始通过中央政府扩大了自身的影响力。印度农民联盟副主席曾提到，“在此前的政权之下，我们不得不走上街头发起反对孟山都的抗议活动。但有了现在的政府，我们就可以坐在房间中交谈。因为我们对相同的议题已经达成了共识”（Bhardwaj，Jain，and Lasseter，2017）。印度农民联盟对孟山都公司的批评尤为直白。用副主席的话来说，“我们所有人必须团结起来向孟山都宣战”（Bhardwaj，Jain，and Lasseter，2017）。

Bt 棉花的争议同样受到了私人恩怨的推动。其中一方是孟山都公司，另一方是印度最大种子公司努兹维杜公司（Nuziveedu Seeds）首席执行官普拉巴卡尔·拉奥（Prabhakar Rao）。2003 年，拉奥向印度遗传工程审批委员会（Genetic Engineering Approval Committee，2010 年更名为“遗传工程评定委员会”，Genetic Engineering Appraisal Committee）申请对 Bt 棉花进行直接商业化。委员会拒绝了这一申请，努兹维杜公司被迫成为马海可孟山都公司的分许可持有人（访谈，14B）。更糟糕的是，2015 年马海可孟山都公司拒绝向努兹维杜公司提供特许权使用费折扣，破坏了拉奥为本公司制订的上市计划（Bhardwaj，Jain，and Lasseter，2017）。于是拉奥开始游说中央政府介入纠纷。印度国家种子协会（National Seed Association of India）是一个种子行业协会，拉奥时任协会主席。2015 年，该协会通过印度农业部长向印度竞争委员会提起诉讼，请求竞争委员会针对马海可孟山都公司是否滥用了市场主导地位发起调查。2016 年 2 月，反垄断调查正式启动。

2015 年 11 月，孟山都公司宣布努兹维杜公司及其两家子公司——普拉巴特农业生物技术公司（Prabhat Agro Biotech）和普拉瓦德汗种子公司（Pravardhan Seeds）违反付款义务，终止了与这几家公司签订的转授权协议。至此，双方之间的冲突到达白热化阶段。根据孟山都公司的说法，努兹维杜公司拖欠特许权使用费，欠款超过了 2000 万美元（Bhardwaj，Jain，and Lasseter，2017）。努兹维杜公司辩称，孟山都公司收取的特许权使用费超过了国家规定的费率，违反法律规定。

2015 年 12 月，农业部发布了《棉花种子价格管制令》（印度政府，2015）。该指令借助中央政府的权力，根据《基本商品法》的规定，以公共利益为目的，对基本商品的价格进行了管控。

这项指令准许政府根据特别委员会的建议来设定 Bt 棉花种子的最高价格，以及可收取的特许权使用费费率。《基本商品法》曾用于控制某些商品的零售价格，在这里首次成为管制特许权使用费的依据。孟山都公司随即针对这项指令向德里高等法院提起诉讼，认为该指令违反法律规定且违宪

（Bera and Sen，2016）。

2016 年 2 月，孟山都公司再次向德里高等法院提起诉讼，这次针对的是努兹维杜公司的专利侵权行为。孟山都公司声称，努兹维杜公司在转授权协议终止后仍然在非法使用 Bt 技术。

同月，印度竞争委员会发布了针对马海可孟山都公司的反垄断调查初步报告（印度竞争委员会，2016）。委员会在初步审查中发现，很多迹象表明该公司违反了《竞争法》（印度政府，2002b）。印度竞争委员会指出，孟山都公司确实处于市场主导地位，该公司是 BG-Ⅱ型 BT 棉花技术的唯一供应商，印度 99% 的 Bt 棉花种植面积均使用了这项技术。调查发现，转授权协议的终止条件过于严苛，且存在权利滥用现象。比如，委员会对 2015 年协议中的一项条款提出了质疑，该条款规定，如果中央或州政府通过了有关性状费用的法规，马海可孟山都公司有权终止转授权协议。[1] 委员会还针对以棉花种子最高零售价格为基础计算特许权使用费的经济合理性提出了质疑，因为 Bt 性状只是影响种子表现的

[1] 分许可协议规定，“在任何情况下，如该地区的任何法律规定限制了根据第 3 条的规定由分许可持有人向分许可人支付的分许可费用（性状费），则分许可人有权立即终止分许可协议”（CCI，2016，16–17）。

诸多因素之一，基因组成、气候条件等因素同样可能对种植情况产生影响。印度竞争委员会发出指令，要求相关部门总管展开全面调查。孟山都公司在德里高等法院针对印度竞争委员会的指令提出了质疑，认为该委员会不具有调查知识产权和商标问题的权力。法院允许印度竞争委员会继续调查，但补充道，印度竞争委员会的任何指令只有在获得法院许可后才能生效。

2016 年 3 月，孟山都公司威胁将完全退出印度市场。该公司的印度首席执行官宣称：“在这样一种环境下，政府干预十分武断且具有潜在的破坏性，使得那些专注于为农民提供广泛利益的研发投资无法收回，而且合同丧失了严肃性。马海可孟山都公司无法看到将新技术引入印度的合理性。”（《印度报》，*The Hindu*，2016）根据一名竞争法律师的观点，孟山都公司威胁重新评估印度市场是一个错误的决定，印度政府不会对这种威胁让步（访谈，4A）。事实上，这种威胁适得其反。4 天后，印度农业部根据《棉花种子价格管制令》和特别委员会的建议，将棉花种子的价格定为 800 印度卢比（12.50 美元），取消了 BG-Ⅰ的特许权使用费，并将 BG-Ⅱ的特许权使用费大幅削减 74%。

同月，印度产业政策与促进部向孟山都公司发送了一份陈述理由通知，鉴于 BG-Ⅱ已经失去了针对棉红铃虫的效用，要求孟山都公司陈述不应撤销 BG-Ⅱ专利的原因（Deshpande,

2016）。[1] 该部门应印度人民党农民阵线（Kisan Morcha）向农业部提出的要求采取了这次行动（Kurmanath，2016）。

2016 年 5 月，农业部采取了一次激进的举措，发布了《转基因技术协议许可指南与格式草案》（*Draft Licensing Guidelines and Formats for GM Technology Agreements*），针对转基因技术做出了强制性许可规定。其中的指南内容规定，专利权人不得拒绝向任何符合规定的种子公司授予许可。如果专利权人没有进行授权，许可持有人将根据指南中的“公平、合理、无歧视”条款自行获得许可。[2] 这意味着孟山都公司将在实际操作中丧失对分许可持有人和许可条款的控制权。

然而在草案公布后的两天时间内，印度政府突然做出了让步，宣布将在三个月内就该文件征求公众意见。后来有消息透露，让步的原因在于美国大使直接与印度政府进行了交涉，要求撤回这份文件（Bhardwaj，Jain，and Lasseter，

---

[1] BG-Ⅰ最初具有防治棉铃虫的效果。棉铃虫是主要的棉花害虫。然而随着棉铃虫数量的减少，包括吸汁昆虫在内的次要害虫开始构成主要的虫害问题。另外，棉铃虫会随着时间产生抗性。2009 年 11 月首次出现了棉红铃虫对 BG-Ⅰ产生抗性的证据（孟山都，2010）。2006 年，孟山都公司推出了第二代棉花技术 BG-Ⅱ。然而在引进这项技术的五年时间内，棉红铃虫同样对 BG-Ⅱ产生了抗性（Ramanjaneyulu，2016）。

[2] 根据《专利法》第 84 条，如果一项专利发明的定价过高、数量不合理，或者没有在印度境内产生效果，则可授予强制许可。

2017）。2016 年 6 月至 8 月，印度政府征求了公众意见，但没有重新发布文件。

2016 年 8 月，孟山都公司以“商业和监管环境的不确定性”为由，宣布撤回新一代 Bt 棉花进入印度市场的申请。这一代产品对 Bt 和抗农达基因进行了堆叠，名为“BG–Ⅱ抗农达 Flex”（Bhardwaj，2016）。孟山都公司在公告信中明确表示，草案“令我们感到震惊，并引发了对知识产权保护问题的严重担忧”（Bhardwaj，2016）。

2017 年 6 月，印度农业部再次对孟山都公司进行了打击，取消了对含有专利性状的杂交品种注册时需提交专利权人无异议证书的要求（Fernandes ，2017）。无异议证书的要求可以在转授权协议的谈判过程中为孟山都公司赋予主动权，诸多种子公司一直在游说政府取消这一要求。这些公司主张，这种要求在《植物品种和农民权益保护法》中缺乏依据，该法案只要求申请人声明，已合法获得用于开发新植物品种的遗传材料或亲本材料。2016 年，孟山都公司曾起诉努兹维杜公司实施了专利侵权。德里高等法院对本案做出了两项裁决。

在 2017 年 3 月的第一项裁决中，高巴（Gauba）法官裁定，努兹维杜公司根据政府颁布的《棉花种子价格管制令》重新谈判特许权使用费的要求具有正当性。鉴于孟山都公司拒绝谈判，该公司终止分许可协议的决定违反法律规定。法官责令孟山都公司恢复合同，并遵守《棉花种子价格管制令》

中的性状费规定。高巴法官还表示，他本人无法就专利有效性的复杂问题做出裁决，但他发现努兹维杜公司的论点在于，印度专利局错误地向孟山都公司授予了 Bt 棉花专利，这一论点“初步看来不成立”（Monsanto v. Nuziveedu，2017）。

双方当事人均向德里高等法院提起上诉，对这项判决的具体内容提出了质疑。双方同意法院根据已提交的证据审理专利有效性的问题。一名知识产权律师曾提到，孟山都公司放弃了针对这种基本问题进行全面审判的权利，这种做法“非常勇敢，或者过于自负”（Reddy，2018a）。

这起案件的第二项裁决于 2018 年 4 月公布，这项裁决具有里程碑式的重要意义。拉温德拉・巴特（Ravindra Bhat）和约格什・康纳（Yogesh Khanna）两位法官裁定，Bt 棉花种子在印度不具备可专利性，从实际层面撤销了孟山都公司所享有的专利。在这里，印度法院首次根据印度的法律规定，对生物技术性状专利的合法性进行了审查，因此这项裁决具有非常重要的意义。这起案件涉及的专利为第 214436 号专利，是孟山都公司在印度获取的两项 Bt 植物生产方法专利之一（Corbin and Romano，2008）。首先，法官认为，根据印度的法律规定缩减专利申请中的权利要求，对于由此产生的专利范围具有重要影响。其次，法官认为，核酸序列作为专利权标的物，不符合《知识产权协定》第 27 条第 3 款（b）项有关微生物可专利性的规定。第三，法官认为，通过杂交的方法把 Bt 性状转移到植物品种，实际上是一种生物过程，根据《印度专利法》第 3 条（j）项，这一过程不具有可专利性。第四，法官认为专利发明的“使用”不应解释为对植物及其后代的使用，根据《印度专利法》第 3 条（j）项，这两者明确排除在可专利性范围之外。最后，法官还指出，印度的法律规定保障的是农民的实质性权利。[1]

孟山都公司向印度最高法院提起上诉。2019 年 1 月，最高法院认为德里高等法院不能在缺乏全面审判的情况下宣布专利无效，将案件发回德里高等法院重审（Monsanto v. Nuziveedu, 2019）。

后来，诉讼形势出现了转机。2018 年，拜耳公司收购了孟山都公司。2021 年 4 月，拜耳公司宣布已与努兹维杜公司达成诉讼和解，将终止所有正在进行的诉讼，其中包括由德里高等法院审理的侵权诉讼（Bhardwaj and Kaira，2021）。根

---

[1] 这项裁决同样存在一定问题。比如，法官接受了印度国家种子协会提出的观点，并要求孟山都公司根据《植物品种和农民权益保护法》申请保护并实行利益共享。法院认为，孟山都公司一旦根据该法案对本公司持有的品种进行了注册，就可以向那些使用了 Bt 性状的种子公司索要特许权使用费。这种观点存在两个问题。首先，《植物品种和农民权益保护法》的保护对象为整个植物品种，并非某种特定性状。其次，该法案的利益共享条款旨在对那些自身所持有的资源被用于开发商业品种的农民和社区提供补偿（Reddy，2018b；Peschard，2017）。相关条款未涉及向技术供应商提供补偿，因此这种观点曲解了《植物品种和农民权益保护法》的意图。

据和解协议，生物技术公司与印度本国的种子公司就“性状价值与许可协议框架”达成一致，将性状费定为种子价值的5%至20%（Kurmanath，2021）。这项庭外和解终止了孟山都公司与印度种子公司之间长达16年的冲突。然而不幸的是，这次和解同样规避了德里高等法院以及印度最高法院根据印度法律对植物相关发明项目可专利性这一重要问题所做出的裁决。

孟山都公司对Bt棉花的知识产权

1994年，印度政府取消了本国专利局向美国艾格瑞斯特公司（Agracetus）授予的一项转基因棉花生产方法专利。[1]这种方法通过根癌农杆菌（Agrobacterium tumefaciens）向棉花细胞植入外源基因，是基因工程植物细胞最常用的方法之一。这项专利所涉及的范围非常广泛，涵盖了所有使用这种方法进行转化的转基因棉花植株。1991年，孟山都公司通过艾格瑞斯特公司获得了使用这项技术对植物进行基因改造的授权。1996年，孟山都公司收购了艾格瑞斯特公司，获得了该公司有关转基因棉花和转基因大豆的所有专利。

---

[1] 1991年5月，印度专利局向美国艾格瑞斯特公司（Agracetus）授予了第168950号专利，内容为“一种通过组织培养来生产转基因棉花细胞的方法”。印度撤销这项专利后不久，美国也撤销了该专利，理由是不满足“新颖”方面的要求（Riordan，1994）。

印度政府通过加拿大非政府组织国际农村发展基金会（Rural Advancement Foundation，RAFI，今天的 ETC 集团）的一篇公告了解到这项专利。这篇公告谴责该专利所涵盖的范围空前广泛，将使艾格瑞斯特公司在 2008 年之前垄断控制几乎所有的转基因棉花基因和种子（RAFI，1993）。印度政府出于公共利益原因撤销专利的案例仅有两起，艾格瑞斯特公司的专利便是其一。撤销这项专利的理由为，该专利将对印度的棉花经济造成深远影响，对农民造成负面影响。[1]

1991 年艾格瑞斯特公司最初获得这项专利时,《关贸总协定》乌拉圭回合谈判（1986 年至 1994 年）正在探讨农业和知识产权问题,《知识产权协定》此时尚未出现。1970 年的《印度专利法》明确排除了农业和园艺生产方法的可专利性。阿努米塔·罗伊乔杜里（Anumita Roychowdhury）曾说道：

> 工业发展部官员处于窘迫的自我保护状态。他们说："生物技术领域相对较新，而且非常复杂。通过《印度专利法》解读相关问题会令人十分困惑，因为这部法律没有针对微生物工艺做出明确规定。即便在《关贸总协定》

[1] 在另一起案件中，印度政府于 2012 年撤销了印度专利局授予爱维士哈根公司（Avasthagen）的一项专利。该专利是一种利用传统药用植物控制糖尿病的药物，撤销理由为相关特性已经在"传统知识数字图书馆"中得到了充分记录。

的乌拉圭回合谈判中，相关问题的解读同样没有定论。”（Roychowdhury，1994）

2002年，马海可孟山都公司引进BG-Ⅰ Bt棉花之际，印度正在根据《知识产权协定》修改本国专利法。孟山都公司在印度的BG-Ⅰ棉花专利权与巴西的抗农达大豆专利权扑朔迷离。人们普遍认为孟山都公司持有BG-Ⅰ棉花的专利权。[1]

到了2015年，此时距离Bt棉花的引进已经过去了13年。《印度时报》披露，孟山都公司实际上从未拥有第一代Bt棉花的专利（Arya and Shrivastav，2015）（图3.1）。

Printed from

THE TIMES OF INDIA

Seeds of doubt: Monsanto never had Bt cotton patent

TNN | Jun 8, 2015, 02.17 AM IST

NAGPUR: Fourteen years after US multinational Monsanto brought the genetically modified (GM) Bt Cotton (Bollgard) to India, there is no clarity on the discovery having ever been patented in the country. Clueless Indian farmers and seed manufacturers have paid crores as royalty to the company from 2002 until 2006, when the company came out with Bollgard 2, which was, incidentally, patented.

Two arms of the central government differ on the patent issue. The Central Institute of Cotton Research (CICR), in an RTI reply to farm activist Vijay Jawandhia, emphatically stated that Monsanto's 'cry1ac Mon 531' gene was never patented in India. However, the ministry of environment and forests (MoEF) wrote to him that the Bt seed developed by University of Agriculture Sciences (Dharwad), which was found to contain the Mon 531 strain, "cannot be launched in the market" due to a "patent violation". It did not specify who held the patent.

Queries to Monsanto specifically on the patent issue were avoided. "Monsanto has proprietary rights in its regulatory data as well as its biological materials, trade secrets and know-how, which are also protected under Indian law. The Mon 531 is subject to such rights," said a company spokesperson and never got back on a query seeking the patent number.

图3.1 《印度时报》:《孟山都公司从未获得Bt棉花专利》，2015年6月

---

[1] 巴基斯坦也出现了类似的情况。政府和商界普遍认为，BG-Ⅰ已经在巴基斯坦本国获得了专利，孟山都公司对相关技术拥有国际专利并自动扩展到全球范围（Rana，2021）。不过所谓的“国际专利”其实并不存在。一项专利只具有国家性和区域性。

根据《泰晤士报》记者的报道，一名农业活动人士曾针对孟山都公司的专利权提交了一份知情权请求，得到了两个政府部门相互矛盾的答复。印度中央棉花研究所回应，孟山都公司的 Cry1Ac 基因（在商业领域称为 BG-Ⅰ Bt 棉花）并未在印度获得专利。但印度环境与林业部表示，中央棉花研究所利用该基因开发的 Bt 棉花侵犯了孟山都公司的专利，不能向市场投放。事实证明，中央棉花研究所的观点是正确的，孟山都公司从未在印度获得 BG-Ⅰ Bt 棉花的专利。一部分人士已然了解相关情况[1]，但对于很多人来说，这件事仍然出乎意料。

根据这名活动人士的观点，长久以来，"如果没有政府部门官员的支持，我们将无从得知孟山都公司其实并未获得 MON 531（BG-Ⅰ）专利"（Arya and Shrivastav，2015）。另一名活动人士告诉我，她认为早年间存在一种"不成文的规矩"，政府监管机构和私营企业达成了一种默契，会尊重其他司法管辖区授予的专利（访谈，14B）。也就是说，即便孟山都公司没有在印度获得 BG-Ⅰ的专利，其他机构仍然会尊重孟山都公司的权利。

根据这名活动人士的观点，出现这种现象的部分原因在于政府希望与孟山都公司维持良好的关系，政府认为这项技

[1] 比如，安得拉邦农业委员曾在 2006 年发表的一篇文章中指出，孟山都公司在印度并未获得 Bt 棉花的专利（Ramakrishna，2006）。

术符合本国的最大经济利益（访谈，14B；Newell，2007）。

21世纪初，孟山都公司很可能没有在印度申请BG-Ⅰ专利，因为当时的印度尚未完成专利法的修改。我们在第一章内容里可以看到，为了使《印度专利法》与《知识产权协定》保持一致，印度分别于1999年、2002年和2005年通过了关键修正案。另外，专利局也需要一些时间来调整审查规范，适应法律方面的重大变化。虽然发生了各种各样的变化，当时的印度专利局不太可能为任何植物相关的项目授予专利（访谈，67）。

在未持有专利的情况下，孟山都公司“创造性地”利用其对生物安全[1]审批过程的掌控，展开了分许可协议方面的谈判。世界银行（2006，33）曾在2006年的一份报告中承认了这一点，并指出：“该公司在印度并不‘拥有’这种基因，相关合同的基础在于获取批准任何转基因品种所必需的生物安全数据。”这里的内容证实了迭戈·席尔瓦的观点。席尔瓦认为，生物安全描述、法规以及实际操作已经在不同规模上运作起来，成为知识产权的执法工具（Silva，2017）。

马海可孟山都公司的一名发言人曾对孟山都公司在印度享有的BG-Ⅰ Bt棉花专利做出解释：

[1] “生物安全”指的是旨在避免基因工程生物带来潜在风险的一套法规。

孟山都公司在印度享有涉及不同棉花技术的各类知识产权。MON 531（BG-Ⅰ）所涉及的Cry1Ac基因本身在印度未由孟山都公司获取专利……不过孟山都公司确实针对与MON 531有关的监管数据、生物学材料、商业机密、专有技术等内容享有专有权利。在印度遗传工程审批委员会等机构以及可适用的印度法律之下，有关MON 531在注册、批准方面的商用技术，技术注册人同样拥有专有权利，并承担相应的义务。（Kaveri种子公司，2015）[1]

一位知识产权法律专家认为，这种说法在法律层面不成立。这位专家列举了措辞含糊等问题以及所谓的“专有权利”。专有权利可以对具有保密属性的商业机密或商业信息提供保护，但这是一种美国法律概念，印度法律不承认专有权利（访谈，42）。

2006年孟山都公司向印度引进BG-Ⅱ棉花之际，印度已经根据世界贸易组织《知识产权协定》完成了专利法的修订。孟山都公司获得了两项与BG-Ⅱ有关的专利。第一项专利为Bt技术方面的广泛专利，专利号214436，专利对

[1] 这一声明与孟山都公司在巴西的声明类似。比如关于抗农达大豆，孟山都公司曾表示，“RR1技术受到各类知识产权的保护，包括专利和专利申请、贸易和商业机密、监管信息和审批，以及持续改进等”（马托格罗索州农业畜牧业联盟，2013）。

象为对植物进行转化、表达苏云金芽孢杆菌德尔塔内毒素的方法。这项专利由印度专利局于2008年批准，有效期至2019年（Corbin and Romano，2008）。[1]第二项专利专门针对BG-Ⅱ技术，专利号为232681，涉及Cotton Event MON 15985及其成分与检测方法，由印度专利局于2009年批准，有效期至2022年（Shappley et al.，2009）。

214436号专利最初的申请内容包含58项权利要求，其中包括“植物”“子代植物”“植物细胞”“植物组织”等。专利局驳回了3项产品权利要求以外的所有内容。这3项权利要求与核酸序列有关（Nuziveedu v. Monsanto，2018）。Bt棉花与巴西抗农达大豆获取专利的方式大致相同。《印度专利法》不接受此前提出的大多数权利要求，因此孟山都公司对Bt棉花的专利申请做出调整，把重点转移到了工艺流程，并最终在印度获得专利。这项专利包含24项工艺权利要求（比如，“生产转基因植物的方法”），同时包含了3项与核酸序列有关的权利要求（第25至27项权利要求）（Corbin and Romano，2008）。

根据上文孟山都公司发言人的说法，“孟山都公司已经在印度获得了MON 15985（BG-Ⅱ）的专利。我方拥有各类权利集合，针对MON 531（BG-Ⅰ）主张专有权利。因此

---

[1] 根据《专业合作条约》（*Patent Cooperation Treaty*），有效期是国际申请日期的20年后。

必须通过整体视角看待我方的权利要求，而并非通过单一的专利角度”（Kaveri 种子公司，2015）。通过最后一句话可以看出，孟山都公司的操作原则为：即便尚未取得专利，该公司同样应享有与 BG-Ⅰ印度专利同等水平的知识产权保护。

孟山都公司没有公开本公司的特许权使用费收入。一名发言人曾告诉记者，根据孟山都公司的合同义务规定，本公司不能分享包括特许权使用费在内的竞争性信息（Jishnu，2010a）。另外，孟山都公司也没有透露本公司确定特许权使用费的应收取数额的具体方法（Jishnu，2010b，2010c）。印度垄断与限制性贸易委员会经过调查得出结论："根据孟山都公司的市场地位，该公司有能力对 Bt 棉花技术收取任意水平的费用，并且在每包种子的性状价值达到 1250 卢比的情况下不提供任何合理解释。"（印度竞争委员会，2016，7）

多年以来，孟山都公司面临做出解释的压力时，曾做出各种不同的回应。2010 年，孟山都公司的一名高级代表曾告诉记者："本公司收取的性状价值（特许权使用费）与农民通过 Bt 种子获得的额外收益有关，计算公式包含了农药使用过程中节省的成本。"（Jishnu，2010b）从几个不同的方面来看，这种解释存在问题。潜在节省的成本不存在可靠的计算方法，而且不同地区的计算方法各不相同。另外，除 Bt 性状以外，农作物种植效果同样取决于各种不同的其他因素，其中包括种子的基因组成（Bt 性状只是其中的一个组成部分)、天气情况、生长条件等。曾有批评意见指出，如果孟山都公司通过这种方法收取费用，那为什么要在农作物歉收的情况下收取特许权使用费呢？孟山都公司似乎在把农作物种植所取得的成果归于自身，把歉收归结到农民自身或自然条件（Jishnu，2010b）。

与 Bt 棉花种子的价格和特许权使用费有关的争端，为我们了解全球与国家知识产权政治提供了一种可靠的契机。21 世纪初，“不成文的规矩”使得孟山都公司可以在未获取专利的情况下获得印度政府对 BG-Ⅰ的保护。企业对政府的游说自然也在其中发挥了作用，不过政府本身也认为这项技术十分重要。印度希望本国能够参与全球生物技术产业（Newell，2008）。在实践过程中，孟山都公司开始像在巴西那样在印度为所欲为。该公司与印度种子公司签订了广泛的分许可协议，在此基础上搭建了一种私营特许权使用费系统，抽取了极高水平的费率。这种系统有赖于国家的配合，具体表现为无异议证书的存在。孟山都公司作为私营企业，通过这种方式干预了政府对植物育种者权利的监管。国家的配合同样体现在，政府不允许公共部门所开发的 Bt 棉花品种进行商业化，同时不允许努兹维杜公司对 Bt 棉花进行直接商业化。

从邦一级的层面来看，农民组织成功推动邦政府对特许权使用费和种子价格进行了管制。不过直到印度人民党上台、印度种子公司和印度国民志愿服务团各类组织在中央政府的影响力得到提升之后，孟山都公司的特许权使用费系统才开始遭到重创。一篇报纸文章的标题很好地体现了权力转移的现象:《印度教民族主义者在莫迪政府掌权，种子巨头孟山都遭遇敌手》(Bhardwaj，Jain，and Lasseter，2017)(图 3.2)。

REUTERS INVESTIGATES

FARM POWER: A farmer protests against Monsanto in New Delhi in August 2013. The dispute in India with the cotton seed multinational has disrupted the country's $1.8 billion-a-year seed industry. REUTERS/Adnan Abidi

Cotton Crunch

Seed giant Monsanto meets its match as Hindu nationalists assert power in Modi's India

图 3.2 路透社:《印度教民族主义者在莫迪政府掌权，种子巨头孟山都遭遇敌手》，2017 年 3 月

当然，印度政府在相关问题上并未达成一致。在农业生物技术管理的问题上，政府机构内部一直存在意见冲突。印度总理纳伦德拉·莫迪曾高调发表过民族主义言论，但同时已经放松了对外国直接投资的限制，公开支持跨国公司进入印度并开展业务。莫迪政府重申了尊重国际知识产权标准的公开承诺，且一直不愿颁发药品方面的强制许可(Damodaran，2016)。同时，莫迪政府还公开支持了转基因

作物，这种做法与生物技术产业的论点相呼应，即转基因作物将满足亟待解决的粮食生产需求。不过该论点已遭到驳斥（Sehgal，2015）[1]。在 Bt 棉花问题上，印度国民志愿服务团的极端民族主义者反对外国公司进入本国，这种观点目前似乎占据上风（Kang，2016；Andersen and Damle，2019）。一名活动人士认为，针对特许权使用费的这一轮公开管制，对于以人民党为首的全国民主联盟政府来说实现了双赢：在持续存在的农业危机背景下，以及政府持续推行向公司企业倾斜的其他政策中，这种做法给人留下的印象是，印度政府不会任由大型企业摆布（访谈，14B）。

印度与巴西的情况类似，最初的种子价格和特许权使用费纠纷演变为针对专利制度本身的法律争端。孟山都公司状告分许可持有人的专利侵权案，促使印度司法部门首次考虑了生物技术种子在印度法律体系中的合法性问题。不幸的是，拜耳–孟山都公司与努兹维杜公司于 2021 年达成庭外和解，终止了所有的诉讼，使农业生物技术知识产权领域在印度仍然是一个灰色地带，至少在可预见的未来是这样。

---

[1] 普遍共识为：转基因作物简化了农场的管理工作，但无法提升生产力水平。参见国际农业知识与科技促进发展评估（IAASTD，2009）。

第四章

Bt 茄子的权利归属

CHAPTER 4

你知道，法律只是一种工具。你知道这个国家的运作方式，有很多法律我们并没有实施。

——高级政府官员对 Bt 茄子投诉的回应[1]

Bt 茄子与 Bt 棉花类似，通过基因工程将 Bt 基因植入了茄子基因组。Bt 基因可以促使植物细胞产生一种叫作 Cry1Ac 的蛋白质，这种蛋白质可以作为一种毒素对抗果梢蛀虫。果梢蛀虫的幼虫啃食 Bt 茄子之后就会摄入 Bt 毒素，后因肠道穿孔而死亡（亚太农药行动网络，2012）。Bt 基因获得了 Event EE-Ⅰ专利。[2]

印度种子公司马海可公司与孟山都公司针对 Bt 棉花市场展开合作之后，于 2000 年左右开始研发 Bt 茄子。2006 年，马海可公司向德里专利局提交了一份申请，为“含有 EE-Ⅰ Event 的转基因茄子”申请专利。同年，马海可公司向印度遗传工程审批委员会提交了生物安全与有效性数据，申请对

[1] 利奥·萨尔达尼亚（Leo Saldanha，访谈，7A）。

[2] Bt 基因结构还包括用于激活宿主基因组中转基因的花椰菜花叶病毒（CaMV）35S 启动子，以及对已成功转化的细胞进行识别使用的两种抗生素抗性标记基因（国际农业生物技术应用服务组织）。

Bt 茄子进行大规模试验（Shah，2011）。

Bt 茄子获得批准时，Bt 棉花在印度已经开始大规模种植。不过 Bt 茄子作为印度当地的第一种转基因粮食作物具有非常特殊的意义，茄子和土豆是印度产量最大且消耗量最大的蔬菜。印度有超过 2500 种茄子，年产量大约 950 万吨，主要供国内消费。印度最主要的茄子产区为位于东部地区的比哈尔邦、奥里萨邦和西孟加拉邦。西孟加拉邦产量较少，但同样也是重要产区。大多数茄农都在进行小规模种植（Andow，2010；亚太农药行动网络，2012）。

Bt 茄子在即将获得批准之际引发了一场激烈的争论，印度最高法院的一起公益诉讼中止了 Bt 茄子的田间试验。[1] 监管部门设立了两个专家委员会，对 Bt 茄子的生物安全性进行了审查，作出了批准决议。这一决议促使印度环境部长针对全国征求公众意见，最终于 2010 年 2 月在全国范围内中止了试验（Chowdhury and Srivastava，2010）。在本章内容里，与 Bt 茄子有关的生物剽窃诉讼发生于征求公众意见的背景下。不过为了理解这场诉讼所涉及的内容，我们首先

[1] 这起公益诉讼（260/2005，与本章所探讨的生物剽窃公益诉讼案件不同）由阿鲁娜·罗德里格斯（Aruna Rodrigues）于 2005 年向最高法院提起，对印度政府在缺乏适当的生物安全协议的情况下释放转基因生物的做法提出了质疑。截至 2021 年，此案仍在审理中。

需要了解一下，20 世纪 90 年代至 21 世纪初，印度和美国在农业和知识产权政策方面是如何进行合作的。

全球公私合作：ABSP-Ⅱ项目

1990 年，美国国际发展署（US Agency for International Development，USAID）委托美国国家科研委员会发表了一篇题为《发展中国家植物生物技术研究》（*Plant Biotechnology Research for Developing Countries*）的报告。这篇报告强调了“全新的商业模式”，认为“私营部门将成为全新的参与者”（美国国家科研委员会，1990，5-7）。这篇报告揭示了发展中国家的市场需求与潜力之间微妙的对立关系。比如，报告认为，Bt“可以为欠发达国家提供巨大的潜在利益”，与此同时，“第三世界国家对于使用和开发新型 Bt 产品而言，是一个巨大的潜在市场”（美国国家科研委员会，1990，21）。报告得出结论：“工业化国家的私营部门与在 Bt 研究方面具有一定专业水准的最不发达国家之间，存在合资企业和技术转让的可能性。”（美国国家科研委员会，1990，21）

当提到美国在这些国家制定公共政策的过程中所发挥的作用时，报告采用了一种独特的家长式语气。比如在生物安全领域，“发展中国家可以对美国标准做出调整来满足自身需求，而不必从零开始。不过这些国家需要真正具有客观性和权威性的建议。很多国家在决定应批准哪些产品、允许哪些公司开发并测试产品方面存在困难，因过于谨慎而出现失误，未能批准使用安全产品。这表明，美国国际发展署提供的各项技术援助，具有非常重要的意义”（美国国家科研委员会，1990，14–15）。

报告发表一年之后，相关建议催生了农业生物技术支持项目（Agricultural Biotechnology Support Project，ABSP–Ⅰ）。该项目由美国国际发展署出资，总部设于密歇根州立大学国际农业研究所，汇集了美国众多农业大学、私营种子公司以及国际农业研究中心的力量。2003 年，该项目发布了最终报告，认为公私部门之间的合作至关重要。但遗憾的是，该项目在有关转基因产品投向市场的问题上几乎没有取得任何成果（ABSP，2003）。该项目报告中的一项主要建议认为，应该把重心放在产品开发环节，而不是放在上游研究方面。具体来讲，就是把重心放在转基因技术的开发与使用方面（Kent，2007）。

同年，ABSP–Ⅱ项目取代了 ABSP–Ⅰ项目。新项目由私营机构和公共机构共同参与，美国国际发展署再次出资，不过这次改由康奈尔大学主导。康奈尔大学在农业生物技术的发展中发挥了主导作用。20 世纪 80 年代末，康奈尔大学的科学家开发了最常用的一种引导植物基因转化的方法——

生物弹道技术，也就是所谓的“基因枪技术”。[1] ABSP-Ⅱ项目有超过50个参与机构，包括政府机构、国家和国际农业研究中心、大学机构以及私营企业，共包含东非、东南亚、南亚三个区域中心。ABSP-Ⅱ项目旨在“对生物工程产品进行安全有效的开发与商业化，作为发展中国家传统农业与有机农业方法的补充手段，同时……以农民可以使用的形式提供这些产品，协助减少贫困和饥饿现象，促进粮食安全、经济增长、环境质量与营养供应”（Sathguru，2013）。

ABSP-Ⅱ项目在印度的主要内容为Bt茄子的开发和商业化。[2] 参与该项目的印度公共机构包括印度科技部下属部门生物科技司，负责促进和管理生物技术；[3] 从属于印度农业研究理事会的国家植物遗传资源局，负责植物遗传资源迁地管理。[4] 此外，ABSP-Ⅱ项目参与机构还包括卡纳塔克邦

---

[1] 康奈尔大学拥有这种方法的专利，并将专利授权杜邦公司使用。孟山都公司持有另一种最常用于诱导植物基因转化的方法专利。这种方法使用了根癌农杆菌，一种可以感染植物细胞的细菌。Bt茄子的开发使用了第二种方法。上述两种方法现今已进入公共领域，不过对相关方法的改进仍然属于专利。

[2] ABSP-Ⅱ还赞助了Bt茄子在孟加拉国和菲律宾的引进。2013年以来，Bt茄子在孟加拉国开始了商业种植。

[3] 在印度，转基因作物方面的很多争议均源自利益冲突。因为特定的委员会既负责转基因作物的推广，也负责监管。

[4] 这里的“迁地”指的是在基因库中保存植物遗传资源。

达瓦德农业科学大学（UAS Dharwad）、泰米尔纳德邦农业大学（Tamil Nadu Agricultural University），以及位于北方邦的印度蔬菜研究所（IIVR）。后两所机构成立于20世纪70年代初，曾参与印度的绿色革命，绿色革命的目标在于以美国赠地大学[1]为模型，在印度组建农业研究与推广系统。达瓦德农业科学大学成立于1986年。[2]在私营部门方面，参与ABSP-Ⅱ项目的企业包括马海可公司（孟山都公司在印度的合作伙伴）与萨特古鲁管理咨询公司（Sathguru Management Consultants，下文简称萨特古鲁公司）。萨特古鲁公司是一家私营咨询公司，总部位于安得拉邦海得拉巴。它也是ABSP-Ⅱ项目南亚中心的区域管理方，在Bt茄子项目中充当了印度协调员的角色。

ABSP-Ⅱ项目从属于印度和美国于2005年7月签署的《农业知识倡议》（*Knowledge Initiative on Agriculture*）。[3]《农

---

[1] 由美国国会指定的高等教育机构。1862年美国国会通过《莫雷尔法案》，规定各州用联邦土地收益资助高等教育机构。——编者注

[2] 农业科学大学指印度若干所主要致力于农业领域的公立大学。达瓦德是位于卡纳塔克邦西北部地区的一座城市。达瓦德农业科学大学是卡纳塔克邦历史第二悠久的农业科学大学，第一名为班加罗尔农业科学大学。

[3] 《农业知识倡议》与《印美民用核协议》的公布时间相同。根据斯里达尔（Sridhar，2014）的观点，《农业知识倡议》是印度在谈判过程中做出的让步之一。各类让步有利于美国大型企业。

业知识倡议》的理事会成员包括美国著名跨国公司，涵盖了农业、食品加工贸易与零售领域，如孟山都公司、阿彻·丹尼尔斯·米德兰公司（Archer Daniels Midland）以及沃尔玛公司等。ABSP-Ⅱ项目还与国际农业生物技术应用服务组织（International Service for the Acquisition of Agri-Biotech Applications，ISAAA）展开了密切合作。后者是一个行业组织，在全球范围内特别是全球南方推广生物技术作物。[1] 其主席克莱夫·詹姆斯（Clive James）曾通过下面一段话，传达了 ABSP-Ⅱ项目背后的慈善资本主义精神：

> 本着分享与关爱的精神，Bt 茄子杂交技术的开发商马哈拉施特拉杂交种子公司已慷慨地把该技术捐赠给印度、孟加拉国和菲律宾的公共机构，用于茄子的开放式授粉品种。在这些地区，茄子是一种非常重要的作物。这次捐赠的目的是满足相应地区周边国家资源贫乏小农的特定需求。马哈拉施特拉杂交种子公司为公私部门慈善合作树立了极好的典范，促进了私营公司慷慨捐赠生物技术供公共研究机构使用，满足了资源贫乏小农的需求。（*Choudhary and Gaur*，2009，iii）

[1] 有关国际农业生物技术应用服务组织在亚洲地区发挥作用的早期评论，参见库耶克作品（Kuyek et al.，2000）等。

根据詹姆斯的描述，Bt 茄子满足了南亚与东南亚资源贫乏小农的需求。这一点与印度环境部长杰拉姆·拉梅什（Jairam Ramesh）中止 Bt 茄子商业化时发表的评论形成了鲜明对比：

> 除了众所周知的减少农药使用的需求，似乎没有任何论点能够凌驾于粮食安全、生产短缺和农民困境之上，支持私营公司为 Bt 茄子赋予巨大的优先权。（印度环境与林业部，2010a，3）

生物剽窃公益诉讼

2010 年 2 月，印度环境部在南部的卡纳塔克邦首府班加罗尔组织了关于 Bt 茄子商业化释放的最后一次公开会议。当地一家名为环境支持组织的非政府组织在阅读公众意见征询文件时发现，Bt 茄子的开发商没有根据《生物多样性法》的规定，向国家生物多样性管理局（National Biodiversity Authority，NBA）申请获取当地茄子品种。

为了履行联合国《生物多样性公约》所规定的义务，特别是传统生物资源与生物知识使用过程中生物多样性保护与平等利益共享方面的义务，印度于 2002 年颁布了《生物多样性法》（印度政府，2002a）。根据这部法案的规定，印度生物多样性主管部门负责为研究和商业用途授权获取生物资源与相关知识。印度本国的公民和企业必须获得邦生物多样性委员会的许可，外国公民与外国企业则必须获得国家生物多样性管理局的许可。在印度或国外申请任何源自印度的生物资源方面的知识产权，同样需要国家生物多样性管理局许可。违反《生物多样性法》将处以罚款与监禁。

在 2010 年 2 月的班加罗尔会议上，环境支持组织提交了一份请愿书，认为孟山都–马海可公司及其合作方在获取并通过基因工程改造当地茄子品种时违反了《生物多样性法》的规定（环境支持组织，2010a）。起初，环境与林业部没有重视这个问题。在 2 月 9 日全国范围内暂停 Bt 茄子商业化的决议脚注中，环境支持组织提出的问题被称为“毫无根据的异议”（印度环境与林业部，2010a，2）。

环境支持组织毅然向卡纳塔克邦生物多样性委员会（Karnataka Biodiversity Board，KBB）报告了有关情况（ESG，2010b）。根据环境支持组织的说法，“委员会严格调查了相关事宜，对所有被指控的机构发出了通知，举行了研讨会和听证会，并对达瓦德农业科学大学进行调查。另外，考虑到这起案件牵涉外国公司，委员会还曾多次向国家生物多样性管理局征求工作推进方面的建议”（Saldanha and Rao，2011，27）。2010 年 3 月，卡纳塔克邦生物多样性委员会向环境支持组织传达了初步调查结果，称有可靠证据支持环境支持组织提出的生物剽窃主张。委员会证实，有关方面在使用当地品种时没有获得当地、邦或者国家有关机构的许可，这种做法显然违反了《生物多样性法》（卡纳塔克邦生物多样性委员会，2010）。委员会还提到了有关农民权利的国际法律框架，特别是联合国粮食及农业组织《植物条约》。[1]委员会指出："当地社区自古以来一直在种植并保护相关品种。剽窃行为剥夺了当地社区通过获取和使用生物资源获得商业收益的正当权利。"（卡纳塔克邦生物多样性委员会，2010，138）

2011年5月，卡纳塔克邦生物多样性委员会向国家生物多样性管理局提交了另一份报告，其中包含了Bt茄子开发协议的有关细节。这份报告显示，卡纳塔克邦达瓦德农业科学大学研究主任曾在一封信中提到，提供给马海可公司的Bt茄子技术此前已通过ABSP–Ⅱ项目转让给了这所大学，该大学在未经邦生物多样性委员会或国家生物多样性管理局事先批准的情况下，使用了6个当地品种来开发Bt茄子（卡纳塔克邦生物多样性委员会，2011）。

在第二个月的董事会议上，国家生物多样性管理局决

[1] 联合国粮食及农业组织的《植物条约》签署时间为2001年，生效时间为2004年。该条约的目的在于对粮食和农业遗传资源进行保护与可持续利用，同时公平公正地共享相关资源所产生的利益。

定采取措施。根据会议纪要，国家生物多样性管理局将针对马海可公司、孟山都公司以及其他相关方提起诉讼，为有关问题争取到符合逻辑的结论（国家生物多样性管理局，2011a）。直到 2011 年 9 月，该决议才由新任环境部部长贾扬提·纳塔拉詹（Jayanti Natarajan）[1] 发布（印度新闻信息局，2011）。不过，2011 年 11 月的董事会议纪要显示，董事会似乎改变了主意。在这次会议上，三名董事会成员建议不采取法律措施，因为相关问题牵涉的只是一次研究合作，可根据《生物多样性法》得到豁免（国家生物多样性管理局，2011b）。

在这里，董事会提到的是《生物多样性法》中的一项条款。该条款规定，只要满足特定条件，印度与外国机构之间涉及生物资源或生物知识转让或交换的合作研究项目可以豁免授权要求（印度环境与林业部，2006）。根据相关解释，Bt 茄子是 ABSP-Ⅱ项目的一部分内容，不受《生物多样性法》管辖。一名法律学者认为：

《生物多样性法》第 5 条第 3 款 (b) 项明确规定，由印度政府资助的机构与其他国家的机构合作开展的研究项目，如

[1] 2011 年 7 月，贾扬提·纳塔拉詹出任印度环境部部长。

果已经得到中央政府的批准，则不需要国家生物多样性管理局的批准。农业科学大学是一所公立大学。整个ABSP-Ⅱ项目是印度和美国政府之间“农业知识倡议”的一部分内容。（Reddy，2012）

在2011年11月的会议上，国家生物多样性管理局主席明确表示应对生物剽窃方面的指控与生物技术问题进行区分：“主席已通知与会成员，当前的问题纯粹在于当地茄子品种可能遭到挪用，与生物技术本身及其（或其）应用问题无关。”（国家生物多样性管理局，2011b，11）

卡纳塔克邦生物多样性委员会最初曾对环境支持组织的投诉做出回应。到了2012年1月，该委员会认为相关问题从属国家生物多样性管理局的职权范围（卡纳塔克邦生物多样性委员会，2012）。在2012年2月的会议上，国家生物多样性管理局以三比二的投票结果做出决议，将启动法律程序（国家生物多样性管理局，2012）。[1]随后，国家生物多样性管理局开始准备材料提起刑事诉讼。

2012年11月，事态再次出现反转。国家生物多样性管

---

[1] 根据环境支持组织的说法，国家生物多样性管理局此前从未通过投票的方式进行相关问题的决议，可见管理局内部存在分歧（访谈，7A）。

理局向卡纳塔克邦高等法院提起诉讼的几天之前，两名与管理局官员作为共同原告的森林管理员副职突然接到立即生效的调动令（Sood，2013）。然而卡纳塔克邦生物多样性委员会成员秘书自行承担责任，针对森林管理员的转移令为提起诉讼争取到了时间（环境支持组织，2013）。

经历过各种推延和挫折之后，外加公共部门当局缺乏政治意愿，环境支持组织最终于 2012 年 11 月向卡纳塔克邦高等法院提起公益诉讼（ESG v. NBA，2012）。案件被告包括国家生物多样性管理局、印度环境与林业部（Ministry of Environment and Forests）、卡纳塔克邦生物多样性委员会、卡纳塔克邦以及印度联邦。

环境支持组织认为《生物多样性法》实施不力，这起诉讼的目的在于引起人们对相关事态的关注。环境支持组织指出，国家生物多样性管理局未能就生物多样性渠道、研究成果的转化以及知识产权发布重要规定，同时未能招募或聘用足够数量的分类学家并组建常设法律部门。环境支持组织还谴责国家生物多样性管理局未针对违反《生物多样性法》的行为采取措施。

在此期间的几份公开报告和审计报告为环境支持组织的主张提供了支持。在 2010 年对印度环境与林业部和国家生物多样性管理局的审计报告中，印度总检查和审计署提出，“即便已成立了 6 年，国家生物多样性管理局仍然未能发布有关生物多样性渠道、研究成果转化以及知识产权等方面的重要规定”（印度总检查和审计署，2010，29）。印度总检查和审计署还指出，在缺乏监管框架的情况下，签发审批存在很严重的问题。[1]2012年，印度议会下院人民院农业委员会发布了一份关于转基因食品的公告，对环境支持委员会做出了回应：

> 国家生物多样性管理局在这个敏感问题上反应迟缓。问题的核心很简单：该公司是否在未经管理局事先批准的情况下，获得任何与开发Bt茄子有关的当地生物资源，是否违反了2002年《生物多样性法》第3条？管理局在如此简单的问题上长时间无法得出结论，说明该机构存在严重问题。这里值得一提的是，2010年11月11日至2011年8月11日期间，遗传工程审批委员会主席同时兼任国家生物多样性管理局主席。
>
> 委员会希望彻查此类案件所存在的决策持续瘫痪的问题，同时建议国家生物多样性管理局立即对这一案件做出决议。（印度人民院，2012b，281-282）

---

[1] 2012年，印度下议院公共账目委员会关于印度环境与林业部的一篇报告支持了印度总检查和审计署得出的结论（印度人民院，2012a）。

环境支持组织在公益诉讼中还提出要将受威胁植物和濒危植物品种列入正常交易商品列表。《生物多样性法》第 40 条规定:“中央政府可以在与国家生物多样性管理局协商并通过《官方公报》发布通知之后，宣布本法有关规定不适用于特定物品，其中包括作为商品正常交易的生物资源。”2009 年 10 月 26 日，印度环境与林业部协同国家生物多样性管理局在公报发布了通知（印度环境与林业部，2009）。这篇通知列出了作为商品进行正常交易的 190 种物品。列表的目的在于将包含生物资源在内的正常交易商品从《生物多样性法》的管辖范围中排除，促进正常交易。但环境支持组织认为，这份列表中大约有 15 种植物为受威胁、濒危或极危物种（ESG v. NBA，2012，21）。

茄子包含在正常交易商品列表之中（印度环境与林业部，2009）。一部分观点认为，印度政府借此豁免了《生物多样性法》对茄子的规范（Rao，2013）。2010 年 2 月，印度环境与林业部发表了一篇解释说明，对这种解读方法进行了驳斥:

本通知的含义引发了一些关切，有人士错误地认为，“190 种植物不再受到 2002 年《生物多样性法》的保护”。相关文件已明确说明，本通知仅适用于 190 种物品的出口，相关出口不需要事先获得国家生物多样性管理局的许可。如果这些生物资源将用于研究或工业用途，根据 2002 年《生物

多样性法》的有关规定，需要事先获得国家生物多样性管理局的批准。（印度环境与林业部，2010b）

在这场公益诉讼中，环境支持组织要求法院宣布《生物多样性法》第 40 条“违宪且违反宪法所载原则”，并撤销通知（ESG v. NBA，2012，60）。环境支持组织认为，第 40 条十分专断，没有明确阐述正常交易商品的标准，而且所涉及范围过于广泛，因而违背了这部法律的精神和目标。

这场公益诉讼促使国家生物多样性管理局和卡纳塔克邦生物多样性委员会采取了相关措施。2011 年 11 月，也就是环境支持组织提起诉讼的三年后，这两个机构向卡纳塔克邦高等法院达瓦德法庭提起刑事诉讼（NBA v. UAS Dharwad, 2012）。在诉讼推进过程中，法院官员声称已将传票送达达瓦德农业科学大学，但无法联络到马海可公司和萨特古鲁公司的官员（Sood，2013）。

2013 年 10 月，来自卡纳塔克邦最高法院的 A.S. 帕赫哈普（A. S. Pachhapure）法官裁定，从表面上看已有足够的记录材料表明开发商没有申请获取当地茄子品种的许可，违反了《生物多样性法》的规定（UAS Dharwad v. State of Karnataka, 2013）。在正常交易商品的问题方面，法官同意第 40 条规定的豁免仅适用于生物资源的出口，不适用于研究或者工业用途。而在合作研究项目的例外情况方面，法官认为这种例外需要满足两个条件：项目得到了中央政府的批准，且符合政策指导方针。在本案中，这两个条件均未得到满足。例如，没有文件能够表明，被告已按照要求将包含所有相关文件的批准材料复本提交给国家生物多样性管理局。这项裁决为达瓦德高等法院的刑事诉讼提供了先决条件。然而 2014 年，印度最高法院在被告的请求下中止了这起刑事案件的诉讼程序。截至 2021 年撰写本书期间，案件仍未重新审理。

在这场公益诉讼方面，卡纳塔克邦高等法院于 2013 年 12 月宣布，本案涉及环境问题，因此移交国家绿色法庭审理（ESG v. NBA，2013）。印度曾于 2010 年设立多处国家绿色法庭，专门审理与环境问题有关的案件，借此减轻法院系统的负担，并保障环境方面的诉讼能够通过专门法官快速结案。

2014 年 3 月，环境支持组织向印度最高法院提交了一份特别许可请愿书，对卡纳塔克邦高等法院向绿色法庭移交案件的决定提出了质疑。环境支持组织认为，本案不仅涉及违反环境法，同样违反了《生物多样性法》的一项规定。但对于第 40 条违宪的问题，绿色法庭没有管辖权，只有高等法院或最高法院可以针对相关问题做出裁决。生物剽窃问题现已成为刑事诉讼的核心问题，针对第 40 条规定的质疑已成为这起公益诉讼的重要组成部分。截至 2022 年本书付梓期间，印度最高法院已将这一特别许可请愿书的听证会推迟了 7 年时间。

孟山都公司对 Bt 茄子的知识产权

孟山都公司在印度针对 Bt 茄子的商业化采用了一种双轨模式：私营企业（马海可公司）专注于 Bt 茄子品种的杂交工作，公立农业大学负责开发开放式授粉品种（美国国家科学、工程和医学研究院，2016）。

2005 年 9 月，ABSP-Ⅱ南亚通讯的第一期描述了在马海可公司的设施中完成转化的 Bt 茄子种子移交给公立农业大学的“重大时刻”：

资源有限的茄农曾因果梢蛀虫而遭受减产的损失。现在，这些农民迎来了希望的曙光。2005 年 7 月 7 日，位于哥印拜陀市的泰米尔纳德邦农业大学举办了抗虫性管理会议。在这次会议的重大时刻，泰米尔纳德邦农业大学副校长拉马萨米（Ramasami）博士接收了印度最大的私营杂交种子企业之一马哈拉施特拉杂交种子公司（马海可公司）联合研究主任乌沙·B. 泽尔（Usha B. Zehr）博士交付的抗果梢蛀虫茄子的回交种子。

随后，2005 年 7 月 26 日，达瓦德农业科学大学副校长 S.A. 帕蒂尔（S. A. Patil）博士在本校接收了马海可公司交付的抗果梢蛀虫茄子的回交种子。来自美国国际开发署的艾琳·慕克吉（Aleen Mukherjee）与萨特古鲁公司的戈帕拉克里希南（Gopalakrishna）出席了会议。

拉马萨米博士表示：“泰米尔纳德邦农业大学致力于为资源贫乏的农民减轻负担。本大学将以低利润的方式向农民提供转基因抗果梢蛀虫茄种。泰米尔纳德邦农业大学是ABSP-Ⅱ项目的国际合作伙伴，对该项目的使命和愿景表示认同。”（ABSP-Ⅱ，2005，6-7）

上述交接仪式涉及马海可公司、萨特古鲁公司以及农业大学之间的三份协议。[1] 孟山都公司把包含 Bt 基因的转基因茄子事件（EE-1）相关权利授予马海可公司。马海可公司作为孟山都公司的分许可持有人，与各农业大学达成转授权协议，将 Bt 基因用于当地茄子品种。根据这些协议的内容，这一类 Bt 茄子品种将成为“特许本国茄子产品”（马海可公司、萨特古鲁公司、达瓦德农业科学大学，2005）。

孟山都公司和马海可公司保留了这些 Bt 茄子品种的知识产权。转授权协议规定：

---

[1] 2005 年 3 月 10 日，马海可公司与萨特古鲁公司签署了一份研发协议，向缺乏资源的农民提供 Bt 茄子。同年 3 月 20 日，马海可公司与泰米尔纳德邦农业大学签署了材料转让协议。2005 年 4 月 2 日，马海可公司与萨特古鲁公司、达瓦德农业科学大学签署了三方分许可协议。

孟山都/马海可公司知识产权，指孟山都公司或马海可公司拥有或控制的所有知识产权。擅自制造、使用或销售含有马海可技术或孟山都技术（即 Bt 基因）的特许本国茄子产品，将对上述权利造成侵犯。（马海可公司、萨特古鲁公司、达瓦德农业科学大学，2005）

国家生物多样性管理局（2013，13）在一份有关诉讼背景的声明中宣称：

这种知识产权声明所涉及的范围异常宽泛。当地品种由农业科学大学提供，并由马海可公司使用自己的 Bt 茄子品种进行回交，这种做法违反了《生物多样性法》第 6 条的规定。

萨特古鲁公司和马海可公司之间的协议同样包含了与知识产权有关的条款。协议在“所有权”项下提及：

马海可公司保留所有权利，其中包括与马海可材料、马海可技术以及初始 Bt 茄子产品有关的知识产权。萨特古鲁公司承认并接受包含孟山都私营控股有限公司 Bt 基因在内的生物材料方面的所有权利，其中包括知识产权。马海可公司同样保留项目过程中所产生的信息、数据以及记录方面的

所有权利。（国家生物多样性管理局，2013，13）

环境部部长杰拉姆·拉梅什在中止决议中指出：

泰米尔纳德邦农业大学与孟山都公司于 2005 年 3 月签订了《材料转让协议》，引发了令人担忧的问题，具体涉及（产品和种质的）所有权问题，以及泰米尔纳德邦农业大学的权利范围问题。（印度环境与林业部，2010a）

这份决议没有对相关问题进行说明。不过，仔细观察协议就可以发现，泰米尔纳德邦农业大学唯一能做的就是让马海可公司提供的半成品培育品种适应当地生长条件。《材料转让协议》明确规定禁止任何其他育种活动。该协议进一步规定，只能按照“成本价格”来分发 Bt 茄子开放式授粉品种。另外，泰米尔纳德邦农业大学在任何情况下都不能把马海可公司提供的半成品用作生产杂交品种的亲本系（马海可公司、泰米尔纳德邦农业大学，2005）。

本书前言曾提到，杂交品种是一种来自受控育种过程的产物，这一过程被称为“杂交优势”。对于开放式授粉品种而言，农民可以保存种子进行重新种植。而杂交品种的种子在种植过程中，农作物的产量和质量会显著下降。因此农民必须每年重新购买种子。出于这种原因，商业种子公司出售的品种主要为杂交品种。

Bt 茄子杂交品种和开放式授粉品种在开发过程中利用了不同的种质。马海可公司的 Bt 茄子（60208 系）使用了一种名为“RHR–51”的杂交品种，由马哈拉施特拉邦一所著名的公立农业大学完成培育（国家生物多样性管理局，2014）。开放式授粉的 Bt 茄子品种使用卡纳塔克邦的 6 个当地品种以及泰米尔纳德邦的 4 个品种培育而成。生物剽窃诉讼涉及的正是这些当地品种，[1] 其中一个品种叫作马图古拉，产自一座叫作乌杜皮的村庄。该品种的有关情况得到了详细记录（参见附录 D）。

在公益诉讼案件中，马海可公司主张 ABSP–Ⅱ项目并非商业活动，而是一种“救济贫困人口且非营利性”的活动（马海可公司，2013）。马海可公司辩称，该公司在 ABSP–Ⅱ项目中的作用“仅限于向公共合作机构捐赠技术”，捐赠过程中不收取任何费用，且不收取特许权使用费，马海可公司及其合作机构未曾实施任何以窃取或挪用《生物多样

[1] 分许可协议列出了通过达瓦德农业科学大学获取的 6 个卡纳塔克邦当地品种，包括：Malpur 当地品种、Majari Gota、Kudachi 当地品种、Udupi 当地品种、112 GO、Pabkavi 当地品种（马海可、萨特古鲁、达瓦德农业科学大学，2005）。通过泰米尔纳德邦农业大学获取的 4 个品种包括：MDU I、PLR–1、KKM–1 和 CO2（马海可、泰米尔纳德邦农业大学，2005）。

性法》所涉及的生物资源为目的的秘密行动（马海可公司，2013）。萨特古鲁公司强调，“材料或技术并未发生从达瓦德农业科学大学到马海可公司的反向流动”“马海可公司没有获得达瓦德农业科学大学开发品种的商业化权利”（卡纳塔克邦生物多样性委员会，2011，147）。国家生物多样性管理局在刑事诉讼过程中坚持驳斥了最后一条主张：

值得注意的是，那些所谓由马海可公司所有的特许本国茄子产品，实际上是（a）茄子种植种子（根据协议第 1.9 条的定义），该种子产自（b）茄子公共种质，这一类种质属于由农业科学大学等公共机构（根据协议第 1.11 条的定义）开发的公共育种茄子品种，另外，（c）这种茄子公共种质已由农业科学大学进行基因改造。从上述情况可以看出，马海可公司不仅在未经管理局批准的情况下对农业科学大学提供的当地茄子品种进行了基因改造，还对这种转基因茄子种子提出了专有权利主张。所谓的特许本国茄子产品使用了当地生物资源作为原材料，因此这种专有权利主张毫无根据。（国家生物多样性管理局，2013，10–11）

孟山都公司曾试图为杂交 Bt 茄子申请印度专利保护。如果 2010 年没有出台全国禁令，杂交 Bt 茄子将按照双轨模式实现商业化。2006 年，马海可公司向印度专利局提交了一份“EE-1 事件转基因茄子”的专利申请（马海可公司，2006）。申请文件提及：

本发明涉及构成 EE-1 事件的抗虫转基因茄子植株、植物细胞、种子以及子代植物。本发明还包含了 EE-1 事件茄子插入位点旁侧的 DNA 序列。另外，本发明还涉及茄子植株 EE-1 事件存在与否的检测流程，提供了识别转基因茄子是否存在上述特定茄子植株 EE-1 事件的诊断方法。本发明还包含一种识别 EE-1 事件转基因茄子的工具。（马海可公司，2006）

2013 年 5 月，印度专利局签发了第一次审查报告。根据这篇报告，转基因茄子第 9 到 11 项权利要求涉及印度 1970 年《专利法》第 3 条（j）项排除可专利性方面的规定。申请文件中的权利要求涉及 EE-1 事件的转基因植株或种子、植物细胞以及子代植物（印度专利、外观设计和商标局，2013）。《专利法》第 3 条（j）项对于“哪些内容不属于发明”做出了界定，规定微生物可以获得专利，而种子、品种、物种或植株的全部或部分均不得获取专利。

孟山都-马海可公司在这里的反应与抗农达大豆和 Bt 棉花申请专利时的做法一致，删除了不符合《专利法》的权利要求，重新提交了申请。

为了回应第一次审查报告，马海可公司取消了专利申请中最初的四项权利要求（L&S 律师事务所，2014a）。[1]2014 年 7 月，马海可公司致信印度专利、外观设计和商标局，称权利要求修改之后，该专利现已符合《专利法》的有关规定，并请求尽快授予专利（L&S 律师事务所，2014b）。不过在国家生物多样性管理局的干预下，Bt 茄子的专利申请遭到中止，一直推迟到使用当地茄子品种开发 Bt 茄子的有关法律纠纷解决之后（国家生物多样性管理局，2014）[2]。

Bt 茄子的权利归属是一个非常重要的问题，然而这个问题目前并没有得出结论。孟山都公司在包括美国在内的多个地区持有 EE–1 事件专利，在印度却没有获得专利。另外，开发 Bt 茄子的国际公私机构联盟在开发过程中，没有满足种植相应品种的当地社区知情或许可的要求，且没有按照《生物多样性法》的要求获取生物多样性监管机构的授权。

---

[1] 除第 9 至第 11 项权利要求外，马海可公司还取消了第 1 项权利要求，即"一种检测样本是否存在茄子 EE–1 良种事件核酸序列的方法"。

[2] 除申请转基因事件的专利外，马海可公司还在 2010 年 12 月根据《植物品种和农民权益保护法》申请了植物育种者对 Bt 茄子品种的权利。植物育种者权利可以为新品种的育种者赋予该品种繁殖材料的专有权，期限为 15 年。2016 年，《植物品种和农民权益保护法》管理局网站显示，由于存在法律问题，马海可公司的 Bt 茄子申请待审批（PPVFR 管理局，2016）。

相关案件提出了有关公立农业大学所持有种质的法律地位，以及当地社区所享有权利的根本性问题。[1]卡纳塔克邦生物多样性委员会在调查报告中写道，达瓦德农业科学大学曾声称，本大学属于自治机构，不受《生物多样性法》的约束。不过卡纳塔克邦生物多样性委员会指出，《生物多样性法》并没有包含这一类豁免性规定（卡纳塔克邦生物多样性委员会，2010）。大学方面的这种声明反映了一种约定俗成的默契，即，公共机构具有公立性质，可以免除《生物多样性法》所提出的要求。通过 Bt 茄子的案例可以看出，公共机构与私营机构达成合作关系之后，这种假设前提存在严重问题。

印度环境部长曾在有关 Bt 茄子的决议中指出："关于公共和私营两类机构在 Bt 相关技术研究工作中的资金来源，人们提出了各种质疑。"（印度环境与林业部，2010a，6–7）20 世纪 90 年代以来，用于农业研究和推广的公共资金不断减少，公立农业大学承受了巨大的压力，正在寻找其他资金来源。一部分公共机构借助参与 ABSP–Ⅱ项目来获取资金的做法，已经成为一种公开的秘密。

公共机构参与项目需要提供当地茄子品种，这里就出现一个问题，即公私机构合作可能使公共机构所拥有的资源私

[1] 关于为培育 Bt 茄子而获取当地茄子品种的问题与植物遗传资源国际制度之间的相关性，参见附录 C。

有化（访谈，15）。

在公益诉讼案件的应诉过程中，马海可公司辩称：

> 合作关系不涉及利益共享问题。参与项目的公共合作伙伴，包括位于瓦拉纳西的印度农业研究理事会所属机构印度蔬菜研究所，位于哥印拜陀的泰米尔纳德邦农业大学，以及达瓦德农业科学大学，计划以非营利的方式向农民提供种子，因此相关利益全部流向了农民。（马海可公司，2013，170–171）

这种说法背后的假设前提为，农民社区需要 Bt 茄子，并将从中受益。然而种植乌杜皮马图古拉茄子的农民未曾得到机会就相关品种纳入 ABSP–Ⅱ项目的问题发表意见，反而在了解到项目情况后提出了反对。由此可见，个中细节不为人知（参见附录 D）。

马海可公司还提出，“（公共合作伙伴）没有侵犯任何生物材料的使用权，因为相关材料均属于公共机构的育种品系”（马海可公司，2013，171）。多年来，公立农业大学所持有的植物种质均自农民的田地采集而来，并与农民达成共识，这些种质将以公共信托的方式进行保管。马海可公司的声明否定了农民针对相关材料所享有的权利。

Bt 茄子案是印度法院受理的第一起相关案件。从这种意义上来讲，Bt 茄子案也是第一起全国性的生物剽窃案件。从案件的影响力来看，Bt 茄子案件产生了全球性的影响。通过这起案件可以看出，美国跨国企业可以通过农业领域的双边协议，对公立农业大学持有的当地茄子品种主张知识产权。这起案件同样表明，在私有化和公私合作的时代，公共机构可能遭遇一种较为复杂的情形，公共利益与公益事业的概念出现了高度模糊。

第五章

专利政治与法律行动主义

CHAPTER 5

每颗种子都在发表政治声明。

——马努·穆吉尔（Manu Moudgil，2017）

商业引进转基因作物之后的十年时间里，巴西和印度在生物技术种子的知识产权方面一直处于混乱状态。21 世纪初引进的转基因作物，要求两国将专利制度扩展到微生物和微生物工艺，并为植物品种提供某种形式的知识产权保护。这些要求在法律格局方面引发了广泛变动。巴西和印度为了实施世界贸易组织《知识产权协定》而进行立法改革，引发了一些复杂的问题，至今仍未得到解决。其中的主要问题在于，某一品种的生物技术作物是否应受到植物育种者权利的保护，或者是否因含有基因工程序列而受到专利法保护。《知识产权协定》措辞中的一些含糊之处同样出现在一些国家的国内专利立法中，比如第 27 条第 3 款（b）项对微生物的定义等。巴西和印度为农业领域引进知识产权制度的时间较晚，因此严重缺乏相关的专业知识。另外，孟山都公司在巴西和印度的专利问题上缺乏透明度，蓄意混淆事实，加剧了有关问题的混乱局面。

相关领域存在巨大的灰色地带，孟山都公司充分利用了这一点。在金融领域，交易员有这样一条交易路线："我们知道自己不能做的事和我们确信可以逃脱的区域之间存在一个灰色地带。我们对这个灰色地带加以利用。"这种交易路线很好地描述了孟山都公司对待知识产权的方式（Brown，2018）。比如 2002 年至 2006 年，孟山都公司针对 Bollgard Ⅰ Bt 棉花收取了极高的特许权使用费（性状费），费率高达种子总价的 75%。值得注意的是，在此期间孟山都公司在印度并未获得专利。而在巴西，抗农达大豆专利到期后的两年半时间里，孟山都公司仍然在收取特许权使用费。

早年围绕转基因作物的大肆宣传使得巴西和印度等农业大国的政府、科学家以及农民都急于获取这项技术。孟山都公司巧妙地利用了这种情绪，通过游说与合作强行实施了私营特许权使用费制度。孟山都公司在美国开发的经营模式包括有效的专利权、农民在购买种子时签订的广泛许可协议，以及为了保障遵守协议而精心设计的监督系统，等等，这些内容无法适用于巴西和印度。比如在印度，数百万名农民各自掌握着小块土地，执法困难，起诉农民在政治层面不具有可行性。印度非政府组织"基因运动"主席苏曼·萨海（Suman Sahai）曾道："起诉农民侵犯专利无异于自取灭亡。

不要在印度起诉农民。（访谈，9）”[1]

孟山都公司在巴西和印度实施的特许权使用费制度与美国类似，均以私人合同方面的法律规定和分许可协议为基础。不过，该公司针对特定国家的主要作物与农业条件，对这种模式进行了调整。在巴西，孟山都公司在农民向粮仓与合作社出售抗农达大豆时收取特许权使用费。而在印度，孟山都公司与生产 Bt 棉花种子的公司签订了分许可协议，在棉花产业链上游收取费用。

实际上，特许权使用费在这两个国家剥夺了农民保存种子的权利：抗农达大豆针对农民收获的谷物收取费用，Bt 棉花则通过协议把 Bt 性状限制在杂交品种。简言之，巴西和印度的法律虽然都允许农民保存种子重新种植，但孟山都公司的特许权使用费系统在实际层面上规避了相关法律规定。[2]

---

[1] 2019 年，百事公司针对印度马铃薯种植者提起了一次知识产权侵权诉讼。据我所知，这是印度第一起涉及植物育种者证书，而没有针对专利的知识产权侵权案件。后来，由于农民积极捍卫自身的权利，公众发起强烈抗议，外加执政党印度人民党可能施加了政治压力，百事公司很快撤回了起诉（*Down to Earth*，2019）。

[2] 在 Bt 茄子方面，孟山都公司与 ABSP－Ⅱ项目的合作伙伴设计了一种双管齐下的方法：私营部门对杂交 Bt 茄子品种进行商业化，公立农业大学则负责开发开放授粉品种。由于 2009 年全国范围内叫停转基因作物，截至 2021 年 Bt 茄子一直没有得到商业化。不过我们有理由认为，孟山都公司像 Bt 棉花那样把 Bt 性状限制在杂交品种，有利于该公司掌控 Bt 茄子商业市场。

巴西和印度各行政区域可能不像美国和加拿大那样积极支持引入专有权利制度（Pechlaner，2012），但在实施层面同样起到了推波助澜的作用。在这里，我同意费利佩·菲洛梅诺做出的评价。他认为在南美，“孟山都公司特许权使用费制度的实施有赖于对一些农村生产者协会、当地种子企业以及国家政府的胁迫与合作，其合法性存在问题。”（2014，13–14）

沙利尼·兰德里亚（Shalini Randeria）对全球南方国家的约束性代理角色进行了概念化，对国家在生物技术作物知识产权制度实施过程中所扮演的角色进行了更加细致的分析（2003a，2007）。根据兰德里亚的观点，全球南方国家在有选择地将新自由主义政策和国际规范转移到国家层面的过程中发挥了积极作用，与此同时为了免除国家对本国公民的责任，利用了本国存在的弱点（Randeria，2003b）。在 Bt 棉花的案例中，印度政府以履行《知识产权协定》第 27 条第 3 款（b）项的国际义务为由，在孟山都公司未持有有效的印度专利的情况下，为该公司赋予了排他性权利。卡尔·普雷和拉莎·纳加拉扬（Carl Pray and Latha Nagarajan，2010，300）在 Bt 棉花的案例中发现：“印度监管机构使马海可孟山都生物技术公司短暂获得了 Bt 基因的垄断权利。”

巴西政府和印度政府本可以利用《知识产权协定》所具有的灵活性对生物技术作物知识产权进行限制，维护农民的权益，特别是第 27 条第 3 款（b）项在当时仍处于审查阶段。菲利普·库雷特（2005b）认为，印度本来可以根据符合《知识产权协定》规定的专利法，对微生物的可专利性做出限制。这一类限制可以采用一种规定的形式，声明："微生物仅在孤立状态下受到保护。植入另一种生物，且这种生物本身不能依照《专利法》获得专利的情况下，微生物不受保护。"（Cullet，2005b，3609）这种观点与印度《专利法》第3条（j）项排除种子可专利性的规定具有一致性，并能够防止法院将专利权人对基因序列的权利扩展到种子和植物（比如孟山都诉施迈泽案中的情况）。政府同样可以确立相关原则，确保专利权和私人分许可协议不得凌驾于农民根据《植物品种保护法》保存种子的权利之上。通过彼得·纽厄尔（Peter Newell）的以下描述可以看出，在生物技术作物知识产权制度的实施过程中，企业游说和政府的疏忽产生了重大影响：

> 2005年，阿根廷召集了一次南方共同市场农业部长会议，为反对孟山都公司针对大豆作物收取特许权使用费寻求支持。巴西和乌拉圭最初向阿根廷提供了支持。然而会议之后，这些国家的政府承受了巨大的压力，以本国私营部门正在与孟山都公司进行协议为由，撤回了支持阿根廷的立场。（Newell，2008，263）

总而言之,《知识产权协定》的框架之下存在生物技术种子知识产权方面的多种管制方法，但各国并未对相关方法进行探索，放任孟山都公司为所欲为。

围绕知识产权和生物技术种子的法律行动主义

大豆和棉花产业链中的农民与其他参与者发现全新的专有权制度所带来的影响之后，便开始针对孟山都公司的知识产权与相关做法向法院提起诉讼。农民认为孟山都公司的特许权使用费和种子的相关费用过高，对孟山都公司的强硬做法感到愤恨不已，包括农民与谷仓进行交易时必须对谷物进行转基因检测的做法。来自巴西南里奥格兰德州的一名谷物合作社经理曾向国会议员说道:“孟山都公司的那些人在谷仓里十分蛮横。我再也无法忍受这种局面了。”[1]

巴西大豆生产商路易斯·费尔南多·贝宁卡曾直言:“(孟山都)是一家不道德的公司，会为了获得利益而不择手段。它不尊重任何东西。这家公司最终会对自然和人类犯下严重罪行，而谁阻挡这家公司，谁就会被消灭。”(访

[1] 一名国会议员在审议《植物品种保护法》修正案的特别委员会议上发表的评论。2018 年 12 月 5 日，巴西利亚。

谈，33）[1] 有人可能会认为这段话出自巴西左翼农业运动成员之口，但实际上，贝宁卡是一名具有保守政治倾向的大地主。贝宁卡的这段话证实了我的观点：围绕知识产权和生物技术作物的法律纠纷，促使那些来自不同阵营的群体团结了起来。

其实，质疑生物技术种子知识产权合法性的人，并非围绕健康和环境法规提起诉讼的群体，也没有参与粮食和种子主权方面更广泛的运动。本书第二章曾提到，巴西抗农达大豆集体诉讼的起因在于，大豆农场主路易斯·费尔南多·贝宁卡对特许权使用费感到非常不满，他未能获得联合会的支持，于是自行寻求了律师的帮助。贝宁卡认为自己所处的联合会已遭到拉拢，于是通过当地的农村工会提起了诉讼。不久之后，另外两个农村工会以及巴西南里奥格兰德州农业工人联盟参与了这次集体诉讼。巴西农村存在两极分化现象，在这场集体诉讼的过程中，农村大规模生产者与小农之间结为联盟，这种现象十分罕见。如果说土地使用权和所有权是农村工人阶级和农村群体出现分化的关键要素（Edelman and Borras，2016），那么所有的农民都在一定程度上依赖于

---

[1] 这段话与19世纪末英国大法官谈论东印度公司的观点产生了共鸣："企业没有灵魂可诅咒，也没有肉体可惩罚。因此它们为所欲为。"引自达尔林普尔作品（Dalrymple，2019）。

种子的获取渠道和繁殖种子的能力。

在印度安得拉邦的 Bt 棉花案中，附属印度共产党的两个左倾农民组织——全印度农民联盟和安得拉邦农民组织（Rythu Sangam）于 2005 年首次针对孟山都公司提起诉讼。[1]相关纠纷在 2015 年后由德里高等法院审理，包括印度种子公司和孟山都公司在内的印度公司和跨国公司取代了农民组织，成为案件的主要当事人。印度本国的种子公司争取到了极具影响力的印度教民族主义组织的支持，其中包括代表农民群体的组织，共同对抗孟山都公司。

另外，印度小型非政府组织“环境支持组织”（Environment Support Group）单独发起 Bt 茄子生物剽窃方面的诉讼，通过战略性诉讼推进了环境事业的发展。规模更大的“无转基因印度联盟”（GM-Free India Coalition）没有为本案提供积极支持。从上述概况可以看出，转基因作物知识产权诉讼当事人极具多样性。这些当事人同样有别于那些广泛动员反对转基因作物的组织，比如“无转基因巴西运动”（GM-Free Brazil Campaign）、“无转基因印度联盟”等。

那么，有人可能不禁要问，粮食和种子主权活动人士为什么没有在知识产权和生物技术作物相关的诉讼中发挥更大

---

[1] 代表农民的律师来自努兹维杜公司。由此可见，企业很早便已参与其中（访谈，14B）。

的作用呢？这里的原因并非活动人士不关注相关问题。长期以来，各界活动人士一直对生物技术专利和特许权使用费持批评态度，他们同样也是最担忧上述现象影响生物多样性和农民生计的群体之一。然而诉讼成本较高且耗时较长，对那些缺乏财力和人力的组织造成了阻碍。2016 年 5 月，一位著名的印度活动家被问及她是否相信孟山都公司所持有的专利符合印度法律规定。这位活动家回应："说实话，没人能够确定这一点。这里的问题在于，那些专利从未由法院进行审查。"随后她感叹道，"但是我们之中又有谁能够负担诉讼成本呢？"。（访谈，9）

除 Bt 棉花案中的印度种子公司以外，商业主体与民间社团组织相比拥有更多资源，双方阵营在手段和资源方面存在巨大落差。孟山都公司聘用了庞大的专业法律团队，并预留了大量资金用于支付未来可能出现的诉讼费用。[1] 相比之下，农民工会和非政府组织的财政资源极为有限，通常依赖于公益律师。代表农民群体的诸多律师曾为抗农达大豆案和 Bt 茄子公益诉讼无偿工作了十多年，付出了巨大的个人代价。在谈及为什么参与这场集体诉讼时，一位代表农民工会

[1] 在巴西农业研究公司与孟山都公司就技术合作协议进行谈判的过程中，前者派出了一名知识产权顾问，而后者派出了整个律师团队（访谈，77）。

的律师告诉我：

> 我将很大一部分职业生涯奉献在这场集体诉讼中。至于原因？原因在于我认为这样做是对的，没有其他原因。我认为他们的做法是错误的。总有一天——可能不是今天，但总有一天，我们会取得胜利。（访谈，29A）

诉讼成本高这一点解释了资源有限的粮食主权活动人士为什么不愿发起诉讼。那么，当其他参与者发起诉讼时，这些活动人士为什么没有积极提供支持呢？我认为其中既包含策略方面的原因，也包含意识形态原因，还可以反映出各界对于合作的敏锐。首先，一些活动人士对于把诉讼作为策略手段的做法持批评态度。一位粮食与种子主权活动人士在评论 Bt 茄子案时曾提到，在某些情况下，法律诉讼能够争取时间，是一种很好的短期策略。因此公益诉讼对于阻止新型转基因品种商业化来说具有必要性，比如第 260/2005 号公益诉讼案件中的情况（Aruna Rodrigues v. Union of India, 2005）。截至 2020 年，在缺乏适当的监管程序与生物安全协议的情况下，这场诉讼阻止了 Bt 茄子和转基因芥末在印度的释放。与此同时，这位活动人士认为诉讼未必是一种有效的长期策略，因为诉讼严重依赖于监管部门内部受理案件的官员。这些官员调离岗位之后，诉讼当事人便回到了最初的起点。这位活动人士认为这就是 Bt 茄子生物剽窃案所发生的情况，她对通过执行现有法律来保护生物多样性、维护农民利益持悲观态度。比如她认为，印度的《植物品种和农民权益保护法》仅仅造成了农民之间的相互对立，而《生物多样性法》在实践过程中可以让企业更顺利地获取传统知识，并没有起到防止生物剽窃的作用（访谈，14A）。这些有关法律动员和现行法律执法局限性的观点与很多其他地区的粮食主权活动人士所持有的观点相符。一名来自哥伦比亚的非政府组织成员曾提及："我们已经对法律行动主义感到疲惫。即便我们胜诉，国家也会设法让事情朝着有利于他们的方向发展。"（Silva，2017，155）

活动人士还认为，法律诉讼耗时长的特性是一种显著弊端。根据相关问题的性质，不同的时长会产生不同的结果。种子属于生命体这一事实具有非常重要的含义。沙利尼·兰德里亚和西娅拉·格伦德曾在有关印度城市强制拆迁的研究中指出（Shalini Randeria and Ciara Grunder，2011），城市贫困居民可以把诉讼作为一种策略来"延长时间"，推迟强制搬迁。不过就种子的情况而言，诉讼耗时长意味着转基因品种可以通过合法或非法手段进行传播。种子作为具有繁殖能力的生命体，能够规避正式的法律程序。21 世纪初，未经批准的转基因品种在巴西和印度得到广泛种植，为政府批准种植造成了压力（Herring，2007），2020 年前几年印度的耐除草剂（HTBT）棉花同样出现了类似的情况（Jadhav, 2019）。在这种情况下，一部分活动人士认为他们无法承担耗时长且结果不确定的法律程序。另外，在解决争端之前，参与诉讼的企业仍然可以继续针对转基因产品收取特许权使用费。就像巴西抗农达大豆案件的情况，诉讼造成的拖延有利于企业一方。

另外，很多活动人士对知识产权持有强烈的怀疑态度。他们通常认为，围绕转基因作物的专利问题没有阻止转基因作物环境释放更紧迫。更重要的是，活动人士担心，参与知识产权相关问题可能最终会使现有的植物品种知识产权制度合法化。比如，印度政府曾于 2006 年宣布将针对《转基因技术协议许可指南》征询公众意见，于是转基因生物批评人士陷入一种两难境地：他们应该参与意见征询，推动特许权使用费对于农民的公平性；还是应该避免参与意见征询，防止特许权使用费合法化呢（访谈，14b）？通过这个案例可以看出，社会运动参与制度进程会面临各种合作。活动人士担心自己如果参与了由那些极具影响力的参与者所主导的进程，会对现状起到支持作用。

印度的种子主权活动人士把 Bt 棉花的政府监管看作一把双刃剑。他们乐于看到政府遏制那些具有掠夺性的企业行为，但同时担心政府对 Bt 棉花种子价格和特许权使用费做出限制，可能提升 Bt 棉花对农民的吸引力。这种现象证实了迈克尔·麦卡恩（Michael McCann）有关法律动员具有双重可能性的观点。麦卡恩认为，法律动员能够带来机遇和约束，通常会起到维持现状的作用，但有时也会为变革带来比较有限的机会（McCann，2004）。来自欧洲的一位活动人士也提到了对于知识产权和生物技术作物行动主义这把双刃剑的担忧。他所在的联盟针对以生物剽窃获取知识产权的做法提起诉讼的时候，特意避开了生物技术专利问题，把争议点集中到了非转基因植物资源方面的问题（访谈，71）。在抗农达大豆、Bt 茄子和 Bt 棉花存在法律纠纷的背景下，活动人士对于孟山都公司在知识产权方面的做法同样持有强烈的批评态度。这些活动人士意识到，他们在支持解决有关纠纷时所面临的合作来自农业生物技术经济其他参与者的短期商业利益，比如大规模大豆种植者和种子公司。

在 Bt 性状费方面的争议中，粮食主权活动人士同样面临着另外一种困境。粮食主权活动人士的意识形态源自农民组织的跨国合作，与右翼印度教组织的意识形态存在差别。不过二者均对转基因作物进行了批评。粮食和种子主权活动人士反对转基因作物的原因在于，他们认为这一类作物危害环境和生物多样性，并且以农民的权益为代价促进了企业的集中。印度教民族主义者则强调，跨国公司拥有的这些技术并非“司瓦德希”（印地语“swadeshi”，意为“自产”），因此他们也采用了与种子主权相关的表达方式。印度农民协会是印度国民志愿服务团运动旗下的农民组织，用该协会一名负责人的话来说，“孟山都应该撤出印度市场，这一点对于种子主权来说很重要。我们可以像过去那样生产属于自己的种子”（Agha，2018；Bhardwaj，Jain，and Lasseter，2017）。印度农民协会还把孟山都公司称为“对种子主权造成威胁的因素”（Andersen and Damle，2019，142）。

印度国民志愿服务团针对转基因作物的一部分批评意见，在“天然食品”和“德西”植物品种所具有的内在价值方面采用了极端民族主义和本质主义的表达方式。这里的“德西”（印地语“desi”）指的是原产自南亚次大陆的植物品种。种子主权和极端民族主义在表达方式上的界限有时也会出现模糊。比如，环境活动家万达娜·希瓦（Vandana Shiva）在描写印度与西方国家之间的“文明的冲突”[1]以及“印度自古对大自然的热爱”时，曾使用了民族主义和本质主义修辞方法（Shiva，2016b）。[2]

---

[1] “文明的冲突”这种表达方式让人联想到塞缪尔·菲利普·亨廷顿（Samuel Phillips Huntington）那部极具影响力又饱受争议的作品《文明的冲突》（*Clash of civilization*，1996）。

[2] 博恩施泰因和夏尔马（Bornstein and Sharma，2016）对印度反腐败运动进行了类似的观察。印度反腐败运动与诸多印度教精神领袖结盟，并且使用了与印度教右翼派别相关的“印度母亲”（Bharat Mata）图像。

印度各地的左翼和右翼活动人士尽管在政治方面存在分歧，却都对企业权力的集中和农业生物多样性遭受侵蚀的现象表达了共同的担忧。政治领域的不同阵营，比如绿色和平与印度国民志愿服务团，均向主张“孟山都退出印度（Monsanto Quit India）”的运动提供了支持，反对转基因作物（Mohan，2016）。活动人士自身同样注意到了这一类极具戏剧性的细节。印度国民志愿服务团经济部门的一名负责人面带微笑地告诉我，他曾在一个由民间社团组织的转基因芥末新闻发布会上发言，与一些著名的粮食主权活动家共同发表演说，他们持有完全不同的政见，除这种场合以外可能绝不会出现在同一个舞台上（访谈，68）。

从根本性的角度来讲，粮食和种子主权活动人士不愿针对知识产权问题进行法律动员的原因在于，他们对知识产权和种子法律地位的观点和解析发生了改变。在过去的三十年时间里，粮食和种子主权运动内部发生了一种转变，开始寻求正式法律框架以外的策略（Peschard and Randeria，2020）。最终，一部分活动人士坚信，保护农民品种唯一有效的途径是开展基层工作，让种子保留在农民手中，而并非依靠法院。这种信念来源于通过国际谈判与协议维护农民权利的艰苦奋斗，相关的努力曾以失败告终。Bt 性状费纠纷方面的庭外和解曾在法院做出裁决之前结束了诉讼。这种结果表明，保持谨慎态度是一种正确的选择。

这一类案件中的诉讼当事人持有各种不同的动机，比如对企业行为不满、强烈的民族主义情绪、争夺商业利益、对农民植物品种与传统知识遭到生物剽窃的担忧，以及维护农民权益，等等。诉讼当事人没有打算针对企业粮食体系发起猛烈抨击，但在某些情况下，案件的进展情况会超出当事人最初的预想。比如在Bt棉花的案例中，印度的种子公司请求政府对孟山都公司收取的特许权使用费进行管制。政府随后进行了干预，但管制对象除特许权使用费外还包含了种子的市场价格。这种做法对农民有益，却损害了种子公司的利益。一名观察人士评论道，“种子公司的这种做法无异于搬起石头砸自己的脚”（Fernandes，2018）。更重要的是，那些最初仅涉及特许权使用费的诉讼案件，逐渐开始涉及与专利相关的各类问题。最终，这些诉讼案件实现了粮食和种子主权人士一直渴望的目标，对农业全新专有权利制度核心内容，也就是生物技术专利的有效性提出了质疑。

获得全新的法律常识？

司法机构在专利有效性方面发挥着关键作用。通过20世纪80年代中期专利扩展到微生物和微生物工艺的情况可以看出，当知识产权扩展到未知领域时，司法机构发挥的作用尤为突出。孟山都加拿大公司发言人曾在2001年孟山都指控加拿大农民珀西·施迈泽专利侵权的案件中宣称，“我们确实预备提起大量诉讼，但本案是我们第一起尝试查明专利是否有效的案件。当有人侵犯专利的时候你才会发现专利制度的强大之处，而且法院会予以支持”（加拿大通讯社，2001）。孟山都公司在巴西和印度能够自由实施私营特许权使用费系统的一个重要原因在于，该公司生物技术专利的合法性尚未得到法院的验证。

2018年，德里高等法院对“努兹维杜诉孟山都案”（Nuziveedu v. Monsanto）做出了裁决。至那时为止，印度唯一一起涉及活体生物可专利性的案件仍然是2002年加尔各答高等法院受理的“迪米纳科诉专利局案（Dimminaco AG v. Controller of Patents）”。在本案中，印度专利局驳回了瑞士生物技术公司迪米纳科的专利申请，专利对象为一种活体疫苗的生产方法。专利局驳回的理由为，根据印度专利法的规定，活性物质生产工艺不能获取专利。迪米纳科公司提起上诉，加尔各答高等法院推翻了专利局的决议，认为“即便最终产品包含活体生物，相关制造方法的可专利性仍然没有受到法规禁止”（Dimminaco AG v. Controller of Patents, 2002）。这里需要指出的是，该案仅限于对某种工艺授予专利，没有涉及特定产品，且没有涉及高等生命形式。案件所探讨的微生物并非转基因生物。而在巴西，转基因相关问题之前，并没有出现涉及活体生物专利的诉讼。

肖比塔·帕塔萨拉蒂（Shobita Parthasarathy，2017，156）在对欧洲和美国的生命形式专利争议进行比较研究时强调：“长久以来，这两个司法管辖区看待专利的角度一直存在差别。美国使用的是技术法律视角，而欧洲使用的是道德和政策方面的角度。”她发现，“美国专利机构不愿”明确考虑道德问题、社会经济问题以及专利分配所造成的影响，“只是因为缺乏相关能力”（Parthasarathy，2017，174）。有机种子种植者和贸易协会曾在美国提起诉讼，主张孟山都公司行使专利权损害了农民和消费者的权益。法官驳回了起诉，认为这种观点毫无依据，并“嘲讽原告企图通过法院途径来解决道德和监管问题”（Parthasarathy，2017，173）。

在这个方面，比起美国，巴西和印度更接近欧洲的专利文化。巴西和印度在独立之后开始通过相关政策寻求知识产权与工业化和公共利益之间的平衡。这两个国家在参与世界贸易组织谈判的过程中转变了外交策略，但此举并没有在短时间内动摇广泛意义上的专利文化。由于缺乏明确的政策和判例，巴西和印度的专利局只能自行解读全新的法律规定，在复杂的情形中针对第一批涉及转基因植物的专利申请做出决定。

印度专利局出版并定期更新了《专利实操与流程手册》（*Manual of Patent Practice and Procedure*），为专利审查员提供了指导。2005 年版本的《专利实操与流程手册》明确规定，基因不具有可专利性（Ravi，2013，324）。由于某些未公开的原因，2008年的版本删除了这一条规定（印度专利、外观设计和商标局，2008）。2013年出版的《生物技术专利申请审查指南》（*Guidelines for Examination of Biotechnology Applications for Patent*）声明，除其他内容外，可对多核苷酸或基因序列、多肽或蛋白质序列、基因构建或基因盒、微生物、转基因细胞，以及植物组织培养提出专利要求（印度专利、外观设计和商标局，2013，4）。仅与各类存在于自然界中的生物有关的发现不视为可授予专利的发明（印度专利、外观设计和商标局，2013，11）。

2005年印度对《专利法》完成最终修订之后，批准了首批生物技术专利，当年共授予73项专利。在随后的几年，印度加快了授予专利的速度。2008年的数据显示，2007年至2008年共有1950项申请，共授予314项专利（Singh，2015，108）。巴维什亚瓦尼·拉维曾在题为《知识产权局的专利授予：疯狂之中是否存在方法？》（"Patent Grants by the [Intellectual Property Office]: Is There a Method in the Madness?"，Bhavishyavani Ravi，2013）的文章中，尝试识别印度专利局评估核苷酸序列专利申请所使用的标准。这里的文章标题意指印度专利局在处理与遗传材料有关的专利申请时明显存在不一致。不过根据拉维的观点，他所采访的专利审查员达成了一种共识：在涉及基因的情况下，《专利法》

有关植物和植物部分的排除性规定不适用于分子或细胞层面（Ravi，2013）。[1]

尚·帕克和阿尔琼·贾亚德夫（Chan Park and Arjun Jayadev，2011）发现，在药品专利方面，自 1970 年《专利法》修订以来，由于印度缺乏专利判例，法院和专利局不得不依赖外国判例来解释可专利性的基本标准。换句话说，在巴西和印度等国家的专利局审查专利申请的过程中，美国和欧洲等主要司法管辖区为相关性状提供专利保护的事实起到了重要作用，超越了这些国家在专利法方面存在的差别。巴西专利局曾于 2012 年向法院提交了一份文件，支持法院撤销专利局向孟山都公司授予的 Intacta 大豆专利（Fincher，2012）。专利局声称，授予 PI 0016460–7 专利是不正确的，因为这项专利结合了已经存在的技术（抗农达技术与 Bt 性状），不符合独创性方面的要求（Tosi，2018）。在这里，巴西专利局没有解释最初授予这项专利的原因。但可以推断，专利局当时的决定可能受到了 Intacta RR2 PRO 在美国和其他司法管辖区已获得专利这一事实的影响。不过专利的效力仅限于特定国家或特定地区，其他国家对专利做出的裁定不

[1] 专利审查员认为，在自然界中发现的基因不具有可专利性。而在自然界中没有被发现，且其功能或效用可确定的基因，则具有可专利性。

具有法律约束力（Park and Jayadev，2011）。因此巴西和印度的法院在评估可专利性的基本标准、对知识产权与其他问题（比如农民权益或粮食安全问题）之间的关系进行权衡时，仍然有可能形成本国特有的法律体系。

有迹象表明，农业生物技术专利领域正在逐渐形成本国特有的法律体系。2018 年 4 月，德里高等法院在孟山都诉努兹维杜专利侵权案的判决中开始弥补印度判例法存在的不足，为印度司法机构首次针对生物技术种子的可专利性做出解释提供了可能性。不过总的来说，依赖外国法律体系与建立本国法律体系这两种趋势，巴西和印度法院的判决形成了相互竞争的局面。

前述章节所提到的三个案例中，有利于孟山都公司的主要判决基本以专利法的相关规定为基础。在抗农达大豆集体诉讼案中，巴西高等法院认为生物技术种子作为转基因工程的产物，应受到《工业产权法》的排他性保护，购买转基因种子的人必须为使用该技术向专利权人支付费用。法院认为，向专利权人授予的排他性权利可扩展至栽培品种，《植物品种保护法》不应适用于本案（Sindicato rural de Passo Fundo v. Monsanto，2019）。

这种解释路径反映了美国和加拿大最高法院在知识产权和转基因作物案件判决中的解释方法（如 Monsanto v. Schmeiser 2004，Bowman v. Monsanto，2013），并且通常明确地以美国和加拿大的判例为依据。比如2017年，德里高等法院在Bt棉花案的判决中表示，加拿大最高法院在孟山都诉施迈泽案中的判决“很重要，值得本院采纳”（Monsanto v. Nuziveedu，2017，80）。高巴法官采用了加拿大最高法院的解释，认为专利物品或工艺构成更广泛的非专利结构（这里指的是植物）的一部分内容这一事实无关紧要。根据印度《专利法》的规定，植物生产或繁殖的基本生物过程不具有可专利性，然而德里最高法院仍然采纳了加拿大法院的推理过程，认为印度种子公司通过生物过程生产杂交棉花种子的活动侵犯了孟山都公司的专利（Monsanto v. Nuziveedu，2017）。

在抗农达大豆集体诉讼案中，巴西上诉法院引用了美国最高法院在鲍曼诉孟山都案中的一个关键论点（Bowman v. Monsanto，2013）。该论点涉及将专利权扩展到生命形式所产生的一个复杂问题：当一项发明是一种可自我复制的生物，专利权人的排他性权利将在何时结束（也就是专利领域的“穷竭”问题）？在鲍曼诉孟山都案中，美国最高法院裁定专利权人的权利可扩展到植物的后代。巴西南里奥格兰德法院在判决中采用了这一推理过程，推翻了下级法院孔蒂法官的判决（Monsanto v. Sindicato rural de Passo Fundo，2014）。简言之，对外国法院判决的依赖不存在任何限制。不过在上述案例中，依赖外国判决会规避巴西和印度在立法方面的重大差别，并在次要程度上规避美国和加拿大之间的立法差别。

相比之下，那些对孟山都公司不利的主要裁决倾向于通过更广泛的法律规定来解释相关问题，其中包括本国宪法以及与专利和植物品种保护有关的本国立法。

比如在抗农达大豆集体诉讼案的一审判决中，孔蒂法官在专利权人所享有的权利方面持有限制性更强的观点，认为在植物品种方面的问题上,《植物品种保护法》应优于《工业产权法》的适用。他指出,《植物品种保护法》(1997 年) 的出台时间比《工业产权法》(1996 年) 晚一年，根据该法案第 2 条的规定，这部法律“是本国对植物品种的唯一保护形式”，反映了对植物品种单独适用法律框架的立法意图。孔蒂法官补充道，这种意图进一步体现在巴西签订了 1978 年版《国际植物新品种保护公约》，而没有签订更为严格的 1991 年版（Sindicato rural de Passo Fundo v. Monsanto，2012，14）。

洛佩斯 · 杜坎托（Lopes do Canto）法官在抗农达大豆集体诉讼中提出的反对意见主要基于对粮食安全、产权限制与产权社会功能的广泛关注。根据他的观点，巴西宪法主张“没有任何一种产权是绝对的，也没有任何一种产权可以凌驾于最具有相关性的社会功能之上”（Monsanto v. Sindicato rural de Passo Fundo，2014，65）。因此洛佩斯法官将案件中的纠纷定义为第三方知识产权与宪法所保障的小农权利之间的矛盾冲突。

洛佩斯法官认为，植物育种本身不包含任何永久性的权利（Monsanto v. Sindicato rural de Passo Fundo，2014，73）。根据洛佩斯法官的推导，孟山都公司拥有最初技术的产权，但这些产权不能扩展到整个生产流程，也不能扩展到植物后代。他认为，针对收获的作物收取特许权使用费是一种企图超越技术使用费公平报酬、获取额外经济利益的做法。专利权人可以在向农民出售种子的时候收取特许权使用费，但从这个时候开始，专利权便出现穷竭。换句话说，他认为当农民把收获的作物作为粮食或原材料进行出售、保留并重新种植种子、培育种子进行赠与或交换，或者把相关品种用于植物育种与科学研究的情况下，将不再适用专利法（Monsanto v. Sindicato rural de Passo Fundo，2014，67）。

总而言之，洛佩斯法官认为，既然存在这样一部法规，其出台目的为根据宪法保护本国小农的权益，那么与其他法律规定产生冲突的时候必须优先适用该法规："存在规范性冲突的情况下，社会利益必须优先于纯粹的私人利益。也就是说，必须适用最符合集体利益的法律规定。在本案中，这种法律为《植物品种保护法》。"（Monsanto v. Sindicato rural de Passo Fundo，2014，73）他总结道，鉴于家庭农业对巴西粮食安全的重要性，必须以社会利益为目的保障自由种植的权利。

印度法院在审理相关案件的过程中提出了类似的观点。在 2017 年德里高等法院的判决中，法官指出，印度宪法第 39 条要求国家“引导相关政策保障社区物质资源所有权和控制权的分配能够最好地服务于公共利益”（Monsanto v. Nuziveedu，2017，35）。法官还指出,《基本商品法》的目的恰恰在于公共利益（Monsanto v. Nuziveedu，2017，37）。

德里高等法院在 2018 年的判决中，首次根据印度的法律规定审查了农业生物技术性状专利的合法性，深入研究了实质性问题。这项判决之所以特别，主要出于以下几个原因。第一，法官提出，专利申请中的权利要求必须依照本国法律规定做出实质性修改。根据印度《专利法》第 3 条（j）项排除可专利性的规定，专利局驳回了原专利申请中一半以上的权利要求。这些权利要求涉及植物、植物细胞、植物组织、含有相关核酸序列的后代植物，以及本质上通过生物过程生产的植物。在得到批准的其余 27 项权利要求中，24 项涉及工艺权利，只有 3 项涉及与核酸序列相关的产品。根据法官的观点，专利权利要求范围的缩小与本案相关，且能够对专利保护范围产生影响（Nuziveedu v. Monsanto，2018）。

第二，法官根据印度在农业专利和农民权利领域的本国立法解释了生物技术发明的专利权。独任法官曾在判决中采用了孟山都诉施迈泽案的裁决，分庭法官推翻了这种推导过程，认为印度法律有别于美国和加拿大的法律规定，因此孟山都诉施迈泽案中的推论不适用于印度。法官还指出，印度的《植物品种和农民权益保护法》为农民赋予了实质性的权利，而美国和加拿大没有正式承认农民的权利。

第三，法官针对那些把生物技术性状解释为转基因微生物的做法提出了质疑。孟山都公司主张专利对象为一种微生物，根据《知识产权协定》第 27 条第 3 款（b）项的规定具有可专利性。法官驳回了孟山都公司的这一主张。法官认为，核酸序列不具有独立的存在形式，并非一种微生物，核酸序列只有在渗入种子材料之后才能发挥作用，而种子材料必须经过杂交。法官认为孟山都公司可以针对能够产生 Bt 性状的核酸序列主张专利权，但这种性状本身不具有价值，只有当性状融入植物细胞或种子的时候才具有价值。而根据印度《专利法》第 3 条（j）项，已明确排除了这两种情况的可专利性。

第四，法官认为，通过杂交手段把 Bt 性状转移到植物品种的做法，本质上是一种生物过程。根据第 3 条（j）项的规定，生物过程不具有可专利性。根据分许可协议的内容，孟山都公司将向种子公司捐赠含有 Bt 性状的种子，随后，种子公司将利用这些种子，并通过传统育种技术把 Bt 性状转移到自己所持有的品种。法官得出结论，当含有（专利对象）核酸序列的 DNA 通过杂交产生转基因种子或转基因植物，便纳入了《植物品种和农民权益保护法》的管辖范围。这部法案对植物育种者所享有的权利做出了规定。

上述内容表明，有关基因、种子和植物的专利问题并未得出统一结论。相反，把知识产权扩展到植物材料的做法留下了很多有待解决的问题，并且为基于本国立法、专利文化和政治优先事项所进行的其他法律解释留下了很大的空间。印度最高法院将案件发回德里高等法院重审，错失了就公共利益问题做出裁决的机会。最高法院本来可以像本院在诺华公司诉印度联邦案（Novartis AG v. Union of India）中的做法一样，[1]主张对相关事宜做出迅速裁决。双方当事人庭外和解意味着暂时不会再次出现基因可专利性方面的裁决。

接下来，我想通过简要介绍孟山都抗农达大豆专利纠纷衍生的法律问题来结束本章内容。巴西抗农达大豆（RR1）专利已于 2010 年 8 月到期。不过我们曾在第二章里提到，孟山都公司希望延长本公司的巴西专利保护期，使之与其在美国的保护期相一致。巴西专利局拒绝延长保护期，于是孟山都公司针对巴西专利局提起了诉讼。

---

[1] 诺华公司诉印度联邦案是一起具有里程碑意义的案件，案情涉及瑞士制药公司诺华是否在印度对“格列卫”药品享有专利。印度最高法院支持了印度专利局驳回专利申请的做法，理由是该专利不符合印度《专利法》第 3 条（d）项的新颖性要求。

连续三次败诉之后，孟山都公司向巴西最高法院提起特别上诉。《工业产权法》明确规定了管道专利的保护期限，孟山都公司胜诉的概率较小。但该公司利用了所有可用的上诉机制，最终将抗农达大豆的专利有效期延长了数年。

与此同时，最高法院特别诉讼的判决涉及《工业产权法》管道条款的违宪直接诉讼（ADI 4234 DF 2009），遭到中止。违宪直接诉讼（Ação Direta de Inconstitucionalidade，ADI）是巴西的一种法律手段，联邦法院可以借此对任何法律规定的合宪性提出质疑。[1]在本案中，联邦总检察长[2]认为管道专利违宪，原因在于这种制度不利于专利的新颖性原则，使公共领域已存在的内容可以申请专利，进而出现侵犯公共利益的现象。我们曾在第一章提到，管道专利（又称“再效专利”）允许对巴西公共领域中已在其他国家取得专利的发明进行追溯性专利保护，不需要针对可专利性要求进行技术审查。

2009 年 4 月，巴西联邦最高法院收到了违宪直接诉讼通知。联邦最高法院院长随即决定遵循快速程序，将违宪直

[1] 以下任意一方均可提起违宪直接诉讼：巴西总统、参议院或众议院主席团、联邦地区州长或立法议会、总检察长办公室、巴西律师协会、在国会中有代表的政党、工会联盟或全国性阶级实体。

[2] 联邦总检察长在国家法院代表联邦联盟，并向行政部门提供法律咨询意见。

接诉讼送交最高法院全体法官做出最终裁决。然而，联邦最高法院院长在 9 年之后才开始安排案件审理日程，与快速程序的精神严重不符。到了 2021 年 6 月，本案再次从议程中删除。违宪直接诉讼（ADI 4234）是在十多年前提出的，由于实际层面没有继续存在管道专利，法院可能会以案件已丧失客体为由，不再做出裁决。如果发生这种情况，就可以证实法院在与公共安全和农业高度相关的问题上选择“故意不作为”，让整起案件不了了之。苏拉娅·卢纳尔迪和迪米特里·迪穆利斯（Soraya Lunardi and Dimitri Dimoulis，2017）认为，这种不作为产生了严重后果。1997 年授予的管道专利现已到期，相关发明最迟于 2017 年进入了公共领域。最高法院的不作为致使巴西在 2009 年至 2017 年为专利药物和专利种子支付了高额费用。

在抗农达大豆案例中，针对巴西专利局提起的诉讼和违宪直接诉讼延迟裁决，增强了抗农达大豆专利的不确定性。高等法院曾在 2019 年 10 月的集体诉讼案判决中指出，由于特别上诉和违宪直接诉讼的原因，抗农达大豆专利的保护期问题仍然有待解决（Sindicato rural de Passo Fundo v. Monsanto，2019，17）。

在巴西和印度，那些针对生物技术种子知识产权发起挑战的诉讼当事人取得了成败参半的结果。博阿文图拉·德苏萨·桑托斯（Boaventura de Souza Santos，2002）曾提到，法律手段可以起到救济作用，但法律本身并不具备这种特性。这些法律挑战的意义在于其他方面，比如提醒社会各界注意企业和政府在生物技术作物特许权使用费系统中所发挥的作用，通过诉讼揭示生物技术专利与特许权使用费系统所包含的政治属性等。这些法律挑战动摇了美国和加拿大最高法院在专利权方面支持生物技术的解释方法。通过这些法律挑战还可以看出，在《知识产权协定》确立的最低标准范围之内，专利权与粮食安全、农民权益等重要因素之间仍然存在很大的平衡空间。更重要的是，在各个国家拥有各自的宪法、国内立法和政策目标的背景下，这些诉讼案件迫使法院开始对知识产权扩展到植物相关材料所引发的复杂问题进行审查。随着人们对全球种子产业前所未有的集中度予以关注，这些诉讼案件带来了全新的法律常识，即知识产权扩展到植物和种子时所具有的价值和局限。

结语

CONCLUSION

在本书即将付梓之际，以上三起诉讼均已上诉到最高法院。Bt 棉花性状费纠纷案以拜耳–孟山都公司与努兹维杜公司之间的庭外和解告终。Bt 茄子案中的公益诉讼和刑事起诉均由印度最高法院审理，但多年以来始终悬而未决。抗农达大豆案已穷尽所有的上诉途径，不过农民工会及其律师并没有排除质疑法院将微生物解释为专利对象的做法并提起废止性诉讼的可能性。[1]这些农村工会同样在考虑，针对 18 项已获得批准的生物技术专利和一些正在审查的专利申请提起无效诉讼。

无论最终结果如何，那些旨在对专利权与农民权利、粮食安全和公共利益进行平衡的法律解释已然打破了以往的范式。实际上，这些诉讼案件已经在农业领域演变为针对企业粮食体制的根本性挑战。

首先，这些法律挑战旨在重新定义公共秩序与私营秩序之间的关系。企业粮食体制的一种根本性特征在于，私人资本通过公私合作关系等机制渗入公共领域。最终，就像我们在 Bt 茄子案里看到的那样，公共利益与私人利益之间的界限变得模糊起来，国家在维护公共利益的过程中面临着更加严峻的挑战。

[1] 上诉所有途径用尽，其中一方当事人认为裁决存在严重瑕疵的情况下，可以通过废止性诉讼对裁决提出质疑。

在本书所涉及的三个案例中，企业都在利用私有知识产权工具规避那些用来管理农业知识产权的公法保障措施。在巴西，私有知识产权制度通过大豆产业各类参与者签订私人合同的形式实施，农民向谷仓出售大豆时需要对大豆进行检测并交纳特许权使用费。这种制度使农民无法保存种子重新进行种植。在印度，私有知识产权制度通过与 Bt 棉花种子企业签订分许可协议，在产业链上游得以实施。协议规定，Bt 性状只能用于渗入杂交品种，而杂交品种的种子无法有效用于重新种植。在巴西和印度这两个国家，无论孟山都公司是否持有有效的专利（抗农达大豆案例），或者是否已申请专利（BG-Ⅰ Bt 棉花案例），私有知识产权制度均为该公司带来了高额的特许权使用费收入。最重要的是，自由保存并重新种植种子的权利虽然已得到本国植物品种保护法的保障，私人知识产权制度却使得农民无法行使这种权利。在发起法律挑战的过程中，诉讼当事人针对宪法权利与公法相对于私人合同法律规定之间的从属关系提出了质疑。巴西的农民工会认为，孟山都公司与农业生产者联合会签订的私人合同，在没有征询农民意见的情况下不能剥夺农民所享有的法定权利。而在印度种子生产商所签订的私人协议中，农民的参与程度更低，特许权使用费成本最终通过 Bt 棉花种子的高昂价格转嫁给了农民。另外，巴西和印度的诉讼当事人均认为，国家有义务保障公民所享有的宪法权利，不能以私人协议为由逃避干预。

其次，这些诉讼案件（特别是抗农达大豆集体诉讼案）试图重现30年以来加强植物品种产权的趋势，并试图将保存种子的权利确立为一项基本权利。随着对保存种子这种传统做法的限制越来越多，法律用语也开始出现了一些微妙且令人担忧的变化，农民的种子权利被逐步描述为从属于植物育种者“权利”的“特权”和“例外”。具有讽刺意味的是，苏珊·塞尔（Susan Sell，2003，5）提醒我们，“知识产权曾被当作一种‘由官方授予的特权’，明确界定为反垄断规则的例外情况”。随着专有种子的出现，“农民保存种子的权利”的最初含义遭到了扭曲、淡化，并最终丧失。我们经常可以听到这样一种说法：针对擅自保存种子所收获的谷物收取的特许权使用费“是一种正当费用”，因为农民没有为保存下来的种子支付费用。然而，这种观点其实对农民权利的最初含义进行了扭曲。农民购买受保护品种的种子所支付的价款已经包含了特许权使用费，作为交换，他们有权自由保存种子。[1]在国际层面，联合国曾于2018年通过了《农民和其他农村地区劳动者权利宣言》（*Declaration on the Rights of Peasants and Other People Working in Rural Areas*），其中包

[1] 感谢何塞·科代罗·德阿劳霍提醒我注意这一点。

含了种子和生物资源方面的权利，相关权利需要按照相关内容进行理解（联合国，2018）。各类农业运动及其盟友把这些权利纳入了国际人权框架，试图借此扭转将保存种子的做法边缘化的趋势，与此同时重申个人和集体的种子权利优先于贸易权利和知识产权。

再次，在涉及生物技术种子的情况下，这些案件提出了《植物品种保护法》与《专利法》之间的冲突问题。孟山都公司一贯主张，生物技术性状受专利法的排他性保护。这种观点得到了加拿大和美国最高法院的支持。然而巴西和印度在专利与植物品种保护方面的立法与加拿大和美国存在很大差别，近年以来，这种冲突才逐渐得到解决。本书详细提到，巴西和印度的法院处理相关问题时一直摇摆不定。最终，巴西高等法院采用了类似加拿大和美国的做法，以支持专利法的方式平息了冲突。相比之下，印度德里高等法院认为，印度《专利法》明确排除了植物细胞和种子的可专利性，因此转基因种子、转基因植物及其相关研究以及保存种子的豁免问题，应适用《植物品种和农民权益保护法》。[1]

最后，在解决相关法律纠纷的过程中，德里高等法院

---

[1] 庭外和解之前，这种解释方法需要经过司法审查（参见第三章）。

最接近其中的根本性问题，也就是基因和植物的可专利性问题。德里高等法院在判决中针对相关生物技术性状（专利申请中描述为核酸序列）是否符合世界贸易组织《知识产权协定》可专利微生物相关要求的问题提出了质疑。这里就回到了《知识产权协定》第27条第3款（b）项措辞模糊的问题，以及在微生物的构成方面缺乏统一定义的问题。专利局和法院曾倾向于回避其中的问题，但高等法院认为，核酸序列无法独立存在，因此不属于微生物；核酸序列渗入植物之后才能发挥作用，而植物本身不具有可专利性。

德里高等法院在处理生物技术专利有关的复杂问题方面可圈可点，但仍然仅仅停留在表象层面。事实上，专利法已经逐渐落后于科学知识的发展步伐。社会科学家已证明，把一种基因还原为一种可分离的化合物，可以为不具有可专利性的内容赋予专利性（McAfee，2003；Calvert and Joly，2011）。不过，过去二十年里的科学进步使这种方法越来越缺乏依据。表观遗传学和后基因组学[1]揭示了基因和蛋白质的复杂表达与调控及其与细胞和生物之间的相互作用，淘汰

[1] 表观遗传学的研究对象为不改变DNA序列的情况下发生的可遗传表型变化，特别关注环境对基因活性和基因表达所产生的影响。基因组学关注的是基因组排序，将各类功能归因于基因，研究的是基因结构。后基因组学在基因组学的基础上进一步研究基因如何转录为信使RNA，以及如何通过蛋白质的形式进行表达。

了早期的基因概念，甚至针对“基因”概念在本体论范畴的意义提出了质疑（Calvert and Joly，2011）。然而在知识领域出现不连续性与断裂现象的情况下，专利法仍然采用了基因的简化概念。如今，知识产权立法应该对这一类科学发展做出评估，并充分考量科学发展对生命形式可专利性所带来的影响。

综上所述，相关案件对《知识产权协定》全球知识产权制度在农业领域的合法性发起了挑战，并促进了种子和植物可专利性全新法律常识的出现。这种促进作用可能仅仅处于早期阶段（Souza Santos，2002）。不过相关案例可以说明，专利具有较强的政治属性。另外这些案例同样表明，全球南方国家围绕生物技术作物的知识产权法律纠纷，正在推动那些试图在财产权与个人和集体种子权利之间取得平衡的其他法律解释的发展。在这里，我完全赞同肖比塔·帕塔萨拉蒂（Shobita Parthasarathy，2017）的观点。帕塔萨拉蒂认为，无论跨国公司及其政府在进一步协调知识产权法律方面做出了怎样的持续努力，承担了怎样的压力，只要涉及生命形式，就可能无法实现真正的协调。

农业知识产权格局处于明显的变化之中。我将通过那些会在未来影响知识产权与种子冲突的新趋势来结束这部分内容。其中一个主要趋势在于，各国持续面临着修改国内立法的压力，这种压力要求把植物育种者的权利修改为与专利类似的权利。各国加入1991年版《国际植物新品种保护公约》能够加强植物育种者的专有权利，比如把相关权利扩展至收获的农作物产品等。在实践过程中，这种要求使巴西等国出现的特许权使用费系统实现了制度化。另外，根据1991年版《国际植物新品种保护公约》，一种植物可以同时受到专利与植物育种者权利的保护。在实践层面，这种“双重保护”使专利所授予的广泛保护占据了主导地位，植物育种者权利项下的豁免事项遭到了削弱。这些立法变动将使专利法和植物品种保护法之间的冲突无法调和，且有利于后者，同时也将防止出现类似巴西农民工会所发起的法律挑战。

农业领域第一批主要的农业生物技术专利即将到期，特别是2014年涵盖抗农达除草剂性状的最后一项基础专利。[1]这一点引发了人们对“后专利时代”将采取怎样的形式的广泛猜测。围绕全新基因编辑技术专利的激烈斗争表明，专利将仍然是相关产业采用新技术并从中获利的重要工具（Egelie et al.，2016；Montenegro de Wit，2020）。基因或基因组编辑（GE）指的是2015年以来广泛用于修改动植物和其他生物遗传物质的一系列技术，其中最常用的是CRISPR Cas9技术。这种技术依靠Cas9酶的特性对外源DNA进行切割，外

[1] 关于抗农达专利组合方面的概述，参见杰斐逊作品（Jefferson et al.，2016）。

源 DNA 组成了细菌免疫系统的一部分内容。早期的 DNA 重组技术将某种性状随机插入生物的基因组。与之相比，基因编辑技术可以在基因组的特定位置对 DNA 序列进行插入、删除或替换[1]，这种技术能够极大扩展植物专有权利所涉及的范围，通过克服细胞的保护机制提供接触整个基因组的渠道。基因编辑技术还可以扩大可能存在的编辑类型（比如敲除、激活、沉默、改动、增强、删除、插入等），增加农业生态系统中可以通过这项技术进行修改的生物类型，比如动植物、土壤微生物、昆虫等。[2]有了基因编辑技术，所有相关的生物类型都可能适用知识产权制度。因此一部分分析人士认为，需要对植物创新方面的知识产权制度进行根本性的重新设计，以实现开放性，削弱排他性（Kock，2021）。

另外，我们所探讨的私有知识产权制度充分表明，目前急需通过专利和植物品种保护来超越公共秩序。相关行业正在积极开发全新的营销策略，其中包括使用监管数据和审批许可来保留对产品的控制。这些产品被称为“知识产权监管综合体”（Jefferson and Padmanabhan，2016；Marden，

---

❶ 支持者认为基因编辑比重组 DNA 的技术更精准，批评者认为基因编辑过程可能产生在靶效应（靶位点所产生的意外效应），也可能产生脱靶效应（基因组其他位置产生的意外效应）。

❷ 感谢梅瓦·蒙特内格罗提醒我注意这一点。

Godfrey, and Manion, 2016)。即便专利到期，原专利权人也可以通过持有获取审批所需要的监管数据，在很大程度上保留市场控制权。实际上，产生新数据与新文件的成本意味着，即便相关技术已进入公共领域，其他公司也能够以较低的价格从原专利权人处获得已得到批准的性状许可。

最后，存在相关性的另一种发展在于植物遗传资源的非物质化，也就是基因序列的数字化，及其在电子数据库中的存储数据。这一点将带来全新的挑战。有关公平获取基因资源和利益共享的国际文书，通常以物质种子样本的获取和流通为核心。非物质化将淘汰这一类机制，在相关资源追溯到培育社区方面增加难度，为全新规模的生物剽窃提供了可能性。

生物技术和知识产权正在以很快的速度进行共同演化，农民和农业活动人士必须克服困难，保持领先地位。不过有一件事是肯定的：经过围绕知识产权和生物技术作物十多年以来的法律行动，他们已经变得越来越精通法律。

参考文献

- Abdelgawad, Walid. 2012. The Bt brinjal case: The first legal action against Monsanto and its Indian collaborators for biopiracy. *Biotechnology Law Report* 31(2): 136–9.
- ABSP (Agricultural Biotechnology Support Project). 2003. *Final technical report 1991-2003*. Michigan State University.
- ABSP-II (Agricultural Biotechnology Support Project II). 2005. Newsletter. South Asia 1(1) (September). On file with the author.
- ABSP-II(Agricultural Biotechnology Support Project II). n.d. absp2. cornell.edu.
- Agarwal, Pankhuri, and Swaraj Paul Barooah, eds. n.d. *SpicyIP.*
- Agha, Eram. 2018. Modi govt being blackmailed by MNCs on GM Crops, say RSS-linked farmers' unions. *News18*. January 20.
- Andersen, Regine. 2008. *Governing agrobiodiversity: Plant genetics and developing countries*.
- Aldershot: Ashgate.
- Andersen, Walter, and Shridhar D. Damle. 2019. *Messengers of Hindu nationalism. How the RSS reshaped India*. London: C. Hurst.
- Andow, David A. 2010. Bt brinjal: The scope and adequacy of the GEAC environmental assessment.

- Aoki, Keith. 2008. *Seed wars: Controversies and cases on plant genetic resources and intellectual property*. Durham, NC: Carolina Academic Press.
- Araújo, José Cordeiro. 2010. *A Lei de Proteção de Cultivares: Análise de sua formulação e conteúdo*. Brasília: Camara dos Deputados, Edições Camara.
- Arya, Shishir, and Snehlata Shrivastav. 2015. Seeds of doubt: Monsanto never had Bt cotton patent. *Times of India*. June 8.
- ávila, Charlene. 2015. Da expectativa de direitos da Monsanto no Brasil sobre os pedidos de patentes da "tecnologia" Intacta RR2: Onde está de fato a inovação? *PIDCC* IV (8): 85–134.
- Barbosa, Denis Borges. 2014. *Dois estudos sobre os aspectos jurídicos do patenteamento da tecnologia Roundup Ready no Brasil. A questão da soja transgênica*. *PIDCC* III (7): 330–468.
- Barry, Gerald F., et al. 2006. Glyphosate-tolerant5-enolpyruvylshikimate-3-phosphate synthases. US Patent RE39247, filed July 18, 2003, issued August 22, 2006.
- Barry, Gerald F., et al. 2007. 5-Enolpiruvilshiquimato-3-fosfato sintases tolerantes ao glifosato. Brazilian Patent PI 1100008–2,filed June 12, 1996, issued April 24, 2007.
- Baumer, João. 2005. Soja transgênica volta à Justiça. *O Estado de São Paulo*. Economia e Negócios, B7, September 25.
- Beauchamp, Christopher. 2011. The pure thoughts of Judge Hand: A historical note on the patenting of nature. *NYU Law*: 1–39.
- Bera, Sayantan, and Shreeja Sen. 2016. Centre tells Delhi high court Bt cotton's resistance to pests has waned. *Live Mint*. January 29.
- Bhardwaj, Mayank. 2016. Exclusive: Monsanto pulls new GM cotton seed from India in protest. *Reuters*. August 24.
- Bhardwaj, Mayank, Rupam Jain, and Tom Lasseter. 2017. Seed giant

Monsanto meets its match as Hindu nationalists assert power in Modi's India. *Reuters*. March 28.

- Bhardwaj, Mayank, and Aditya Kaira. 2021. Bayer's Monsanto, India's NSL settle long-running GM cotton seed dispute. *Reuters*. March 26.
- Bhat, R.V., and M.N. Madhyastha. 2007. Preserving the heritage of Mattu gulla: A variety of brinjal unique to Udupi district. *Current Science* 93(7): 905–6.
- Bianchini. n.d. Soja RR2 IPRO (Intacta). On file with the author.
- Boldrin, Michele, and David Levine. 2008. *Against intellectual monopoly*. Cambridge: Cambridge University Press.
- Bornstein, Erica, and Aradhana Sharma. 2016. The righteous and the rightful: The technomoral politics of NGOs, social movements, and the state in India. *American Ethnologist* 43(1): 76–90.
- Borowiak, Craig. 2004. Farmers' rights: Intellectual property regimes and the struggle over seeds. *Politics & Society* 32(4): 511–43.
- Boyle, James. 2008. *The public domain: Enclosing the commons of the mind*. New Haven,CT: Yale University Press.
- Bragdon, Susan H. 2020. Global legal constraints: How the international system fails small-scale farmers and agricultural biodiversity, harming human and planetary health, and what to do about it. *American University International Law Review* 36(1): 1–50.
- Brown, Symeon. 2018. Fake it till you make it: Meet the wolves of Instagram. *The Guardian*. April 19.
- Brush, Stephen B. 2013. Agrobiodiversity and the law: Regulating genetic resources, food security and cultural diversity. *Journal of Peasant Studies* 40(2): 447–67.
- CAG (Comptroller and Auditor General of India). 2010. Environment Audit Report. Report no. 17 of 2010–11. New Delhi.

- Callahan, Gary. 2009. Comments regarding agriculture and antitrust enforcement issues restraints on competition in sales of off-patent agrochemicals. Letter to Legal Policy Division, Antitrust Division, US Dept of Justice. Via email. July 31.
- Calvert, Jane, and Pierre-Benoît Joly. 2011. How did the gene become a chemical compound? The ontology of the gene and the patenting of DNA. *Social Science Information* 50(2): 1–21.
- *Canadian Press*. 2001. Monsanto tangles with more Canadian farmers on licensing. July 19.
- Canfield, Matthew. Property regimes. 2020. In *The Oxford Handbook of Law and Anthropology*, ed. Marie-Claire Foblets, Mark Goodale, Maria Sapignoli, and Olaf Zenker. Advance online publication.
- CBD (Convention on Biological Diversity). n.d. [1]. Brazil—Country profile.
- CBD (Convention on Biological Diversity). n.d. [2]. India—Country profile.
- CCI (Competition Commission of India). 2016. *Department of Agriculture v. MMB*. Reference Case no. 22 of 2015, and *Nuziveedu* v. *MMB*, Case no. 107 of 2015.
- Center for Food Safety and Save Our Seeds. 2013. Brief as Amici Curiae, in support of petitioner. *Bowman v. Monsanto*, 569 U.S. 278.
- CGPDTM (Controller General of Patents, Designs and Trade Marks). 2013. First examination report. May 23. On file with the author.
- Charles, Daniel. 2001. *Lords of the harvest: Biotech, big money and the future of food*. Cambridge, MA: Perseus.
- Choudhary, Bhagirath, and Kadambini Gaur. 2009. The development and regulation of Bt brinjal in India (eggplant/aubergine). ISAAA Briefs 38. Ithaca, NY: ISAAA.
- Chowdhury, Nupur, and Nidhi Srivastava. 2010. Decision on Bt-brinjal:

Legal issues. *Economic and Political Weekly* 45(15): 18–22.

- Chowgule, Ashok. 2015. Govt must stand up to anti-science opponents of GM technology: Ashok Chowgule. *Smart Indian Agriculture.*
- Claeys, Priscilla. 2015. *Human rights and the food sovereignty movement: Reclaiming control.* New York: Routledge.
- Clapp, Jennifer. 2021. The problem with growing corporate concentration in the global food system. *Nature Food* 2: 404–8 .
- ClicRBS. 2005. Justiça nega suspensão do pagamento de royalties à Monsanto. February 17.
- COAD. 2012. Royalties da Monsanto: Ação de sojicultores tem alcance nacional.
- Cohen, Marc J., and Anitha Ramanna. 2007. Public access to seeds and the human right to adequate food. In *Global obligations for the human right to food*, ed. G. Kent,161–90.Lanham, MD: Rowman and Littlefield.
- Consultor Jurídico. 2005. Produtor é isentado de pagar royalties da soja à Monsanto. January 11.
- Coombe, Rosemary J. 1998. Intellectual property, human rights and sovereignty: New dilemmas in international law posed by the recognition of indigenous knowledge and the conservation of biodiversity. *Indiana Journal of Global Legal Studies* 6(1): 59–115.
- Coombe, Rosemary, and Susannah Chapman. 2020. Ethnographic explorations of intellectual property. In *Oxford Research Encyclopedia of Anthropology*. Online publication.
- Corbin, David R., and C. P. Romano. 2008. Methods for transforming plants to express bacillus thuringiensis delta-endotoxins. Indian patent 214436, filed May 1, 2001, issued February 12, 2008.
- Correa, Carlos M., et al. 2015. *Plant variety protection in developing countries: A tool for designing sui generis plant variety protection system. An alternative to UPOV 1991.* APBREBES.

- Costa, Pryscila. 2005. Produtor do RS fica livre de pagar royalties a Monsanto. *Consultor Jurídico*. April 15.
- Cullet, Philippe. 2005a. Case law analysis. *Monsanto v Schmeiser*: A landmark decision concerning farmer liability and transgenic contamination. *Journal of Environmental Law* 17(1): 83–108.
- Cullet, Philippe. 2005b. Seed regulation, food security and sustainable development. *Economic and Political Weekly* 40(32): 3607–13.
- Cullet, Philippe. 2007. Human rights and intellectual property protection in the TRIPS era. *Human Rights Quarterly* 29(2): 403–29.
- Dalrymple, William. 2019. *The anarchy: The relentless rise of the East India Company*. London: Bloomsbury. Damodaran, Harish. 2016. Janus-faced policy to IPR: Farm vs drugs? *Indian Express*. March 10.
- Das, Sandip. 2016. Bt cotton crop area falls for first time. *Financial Express*. October 22.
- de Alencar, Gisela, and Marco C. van der Ree. 1996. 1996: An important year for Brazilian biopolitics? *Biotechnology and Development Monitor* 27: 21–2.
- de Schutter, Olivier. 2009. Seed policies and the right to food: Enhancing agrobiodiversity and encouraging innovation. United Nations General Assembly. A/64/170.
- Deshpande, Vivek. 2016. Monsanto patent under cloud as Bt cotton prone to pink bollworm. *Indian Express*. March 8.
- Desmarais, A. A. 2007. *La Via Campesina: Globalization and the power of peasants*. Black Point, Nova Scotia: Fernwood.
- Down to Earth. 2019. Pepsico India withdraws all cases against Gujarat potato farmers. May 10.
- Dutfield, Graham. 2006. Patent systems as regulatory institutions. *Indian Economic Journal* 54(1): 62–90.

- Dutfield, Graham. 2008. Turning plant varieties into intellectual property: The UPOV Convention. In *The future control of food: A guide to international negotiations and rules on intellectual property, biodiversity and food security*, ed. Geoff Tansey and Tasmin Rajotte, 27–47. London: Earthscan and IDRC.

- Dutfield, Graham. 2011. Food, biological diversity and intellectual property: The role of the International Union for the Protection of New Varieties of Plants (UPOV). Global Economic Issue Publications. Intellectual Property Issue Paper 9. Geneva: Quaker United Nations Office. *Economic Times*. 2015. Hybrid seed producers want government to move CCI against Mahyco Monsanto. October 15.

- Edelman, Marc, and Saturnino M. Borras. 2016. *Political Dynamics of Transnational Agrarian Movements*. Rugby, UK: Practical Action/Black Point, Nova Scotia: Fernwood.

- Egelie, Knut J., Gregory D. Graff, Sabina P. Strand, and Berit Johansen. 2016. The emerging patent landscape of CRISPR-Cas gene editing technology. *Nature Biotechnology* 34(10): 1025–31.

- EMBRAPA n.d. EMBRAPA Recursos Genéticos e Biotecnologia.

- ESG (Environment Support Group). 2010a. An enquiry into certain legal issues relating to the approval of Bt brinjal by the Genetic Engineering Approval Committee of the Union Ministry of Environment and Forests. Submission made to Shri. Jairam Ramesh in the Public Consultation on GEAC approval to Bt Brinjal. February 6.

- ESG (Environment Support Group). 2010b. Letter to KBB regarding violations of Biological Diversity Act, 2002 in matters relating to access and utilisation of local brinjal varieties for development of Bt Brinjal by M/s Mahyco and ors., and related issues. February 15.

- ESG (Environment Support Group). 2013. Transferring prosecuting officers exposes Indian and Karnataka governments' weak intent to tackle biopiracy by Mahyco/ Monsanto and others. Press release. Bengaluru. March 9.

- ESG (Environment Support Group). n.d.
- ETC Group. 2007. Updated: The world's top 10 seed companies—2006.
- Ewens, Lara E. 2000. Seed wars: Biotechnology, intellectual property and the quest for high yield seeds. *Boston College International & Comparative Law Review* 23: 285–310. FAMATO. 2013. Análise jurídica: Acordo de licenciamento de tecnologia e quitação geral.
- FAO (Food and Agriculture Organization). 2001. International Treaty on Plant Genetic Resources for Food and Agriculture. Rome. November 3.
- Federizzi, Luiz Carlos. 2011. Parecer técnico. Processo no. 001/1090106915–2. On file with the author.
- Fernandes, Vivian. 2017. PPVFR Act dispensing with NOCs: Agriculture ministry rendered hollow the plant trait patents of companies like Monsanto. *Financial Express*. June 21.
- Fernandes, Vivian. 2018. Bt cotton seed price control: How seed companies shot FETAG. 2009. FETAG questiona na Justiça pagamento de royalties. June 12.
- Filomeno, Felipe Amin. 2014. *Monsanto and intellectual property in South America*. Basingstoke, UK: Palgrave Macmillan.
- Fincher, Karen L. 2012. Sequência de DNA de promotor quimérico, constructos de DNA, método de expressar uma sequência de DNA estrutural em uma planta e método de controlar ervas daninhas. PI 0016460–7, filed December 12, 2000, issued October 2, 2012.
- Flachs, Andrew. 2019. *Cultivating knowledge: Biotechnology, sustainability, and the human cost of cotton capitalism in India*. Tucson: University of Arizona Press.
- FOEI (Friends of the Earth International). 2006. Who benefits from GM crops? Monsanto and the corporate-driven genetically modified crop revolution. Issue 110. Amsterdam: Friends of the Earth International.
- Folha do Cerrado. 2014. Soja Intacta: Monsanto consegue patente e

deverá estampar selo de propriedade até 2022. March 12. On file with the author.

- Fowler, Cary, and Pat Mooney. 1990. *Shattering: Food, politics and the loss of genetic diversity*. Tucson: University of Arizona Press.
- Friedmann, Harriet, and Philip McMichael. 1989. Agriculture and the state system: The rise and decline of national agricultures. *Sociologia Ruralis* 29(2): 93–117.
- GAIA/GRAIN. 1998. Ten reasons not to join UPOV: Global trade and biodiversity in conflict. Issue 2.
- Ganesan, Arumugamangalam Venkatachalam. 2015. Negotiating for India. In *The making of the TRIPS Agreement: Personal insights from the Uruguay Round negotiations*, ed. Jayashree Watal and Anthony Taubman, 211–38.
- Geneva: World Trade Organization.
- GATT. 1987. Suggestion by the United States for achieving the negotiating objective. MTN.GNG/NG11/W/14.
- GATT. 1988. Guidelines and objectives proposed by the European community for the negotiations on trade related aspects of substantive standards of intellectual property rights. MTN.GNG/NG11/W/26.
- GATT. 1989a. Communication from India. Negotiating group on trade-related aspects of intellectual property rights, including in counterfeit goods. MTN.GNG/ NG11/W/37.
- GATT. 1989b. Communication from Brazil: Negotiating group on trade-related aspects of intellectual property rights, including in counterfeit goods. MTN.GNG/ NG11/W/57.
- GATT. 1990. Communication from Argentina, Brazil, Chile, China, Colombia, Cuba, Egypt, India, Nigeria, Peru, Tanzania, and Uruguay. MTN.GNG/NG11 /W/71.
- Gene Campaign. 2003. Oppose UPOV! Save farmers! Gene Campaign's

legal action against Indian government. New Delhi. On file with the author.

- Glover, Dominic. 2009. Undying promise: Agricultural biotechnology's pro-poor narrative, ten years on. STEPS Working Paper 15. Brighton, UK: STEPS Centre.
- Glover, Dominic. 2010a. The corporate shaping of GM crops as a technology for the poor. *Journal of Peasant Studies* 37(1): 67–90.
- Glover, Dominic. 2010b. Is Bt cotton a pro-poor technology? A review and critique of the empirical record. *Journal of Agrarian Change* 10(4): 482–509.
- GoI (Government of India). 1970. Patents Act 1970, as amended by Patents (Amendments) Act 2005.
- GoI (Government of India). 2001. Protection of Plant Varieties and Farmers' Rights Act.
- GoI (Government of India). 2002a. Biological Diversity Act.
- GoI (Government of India). 2002b. Competition Act.
- GoI (Government of India). 2015. Cotton Seeds Price (Control) Order.
- GoI (Government of India). 2020. All India Report on Agriculture Census 2015–16. Department of Agriculture, Cooperation & Farmers Welfare, Ministry of Agriculture and Farmers Welfare.
- Golay, Christophe. 2017. The right to seeds and intellectual property rights. Research brief. Geneva: Geneva Academy of International Humanitarian and Human Rights.
- GRAIN. 1996. UPOV: Getting a free TRIPs ride?
- GRAIN. 2006. Andhra Pradesh files case against Bt cotton royalty. January 3.
- GRAIN and LVC. 2015. Seed laws that criminalise farmers: Resistance

and fightback.

- Gutiérrez Escobar, Laura, and Elizabeth Fitting. 2016. The *Red de Semillas Libres*: Contesting biohegemony in Colombia. *Journal of Agrarian Change* 16(4): 711–9.
- Halewood, Michael, Isabel López Noriega, and Selim Louafi. 2013. *Crop genetic resources as a global commons: Challenges in international law and governance*. New York: Routledge.
- Haugen, Hans Morten. 2007. Patent rights and human rights: Exploring the relationships. *Journal of World Intellectual Property* 10(2): 97–124.
- Haugen, Hans Morten. 2020. The UN Declaration on Peasants' Rights (UNDROP): Is Article 19 on seed rights adequately balancing intellectual property rights and the right to food? *Journal of World Intellectual Property* 23(3–4): 288–309.
- Helfer, Laurence R. 2004. Intellectual property rights in plant varieties. International legal regimes and policy options for national governments. FAO legislative study 85. Rome: FAO.
- Helfer, Laurence. 2018. Intellectual property and human rights: Mapping an evolving and contested relationship. In *The Oxford Handbook of Intellectual Property Law*, ed. Rochelle Dreyfus and Justine Pila.
- Helfer, Laurence R., and Graeme W. Austin. 2011. *Human rights and intellectual property: Mapping the global interface.* New York: Cambridge University Press.
- Herring, Ronald J. 2007. Stealth seeds: Bioproperty, biosafety, biopolitics. *Journal of Development Studies* 43(1): 130–57.
- *Hindu.* 2016. Bt cotton row: Monsanto threatens to re-evaluate India biz. March 4.
- Howard, Philip H. 2015. Intellectual property and consolidation in the seed industry. *Crop Science* 55: 1–7.
- Howard, Philip H. 2018. Global seed industry changes since 2013.

- Huntington, Samuel P. 1996. *The clash of civilizations and the remaking of world order*. New York: Simon and Schuster.
- IAASTD (International Assessment of Agricultural Knowledge, Science and Technology for Development). 2009. Executive summary of the synthesis report.
- IPES-Food. 2017. Too big to feed: Exploring the impacts of mega-mergers, consolidation and concentration of power in the agri-food sector.
- ISAAA (International Service for the Acquisition of Agri-Biotech Applications). 2019. Global status of commercialized biotech/GM crops in 2019. ISAAA Brief 55. Ithaca, NY: ISAAA.
- ISAAA (International Service for the Acquisition of Agri-Biotech Applications). n.d. GM approval database. GM crop events list. Bt Brinjal EE1.
- Jadhav, Radheshyam. 2019. HTBT cotton widely cultivated despite ban, finds Central team. *The Hindu*. June 12.
- Jaffe, Adam B., and Josh Lerner. 2007. *Innovation and its discontents: How our broken patent system is endangering innovation and progress, and what to do about it*. Princeton, NJ: Princeton University Press.
- Jayaraman, Killugudi S. 2012. India investigates Bt cotton claims. *Nature*. February 14.
- Jefferson, David J., Gregory D. Graff, Cecilia L. Chi-Ham, and Alan B. Bennett. 2016. The emergence of agbiogenerics. *Nature Biotechnology* 33(8): 819–23.
- Jefferson, David J., and Meenu S. Padmanabhan. 2016. Recent evolutions in intellectual property frameworks for agricultural biotechnology: A worldwide survey. *Asian Biotechnology and Development Review* 18(1): 17–37.
- Jishnu, Latha. 2010a. Not a nice trait to have: Monsanto is back in the

courts on the issue of royalty or trait fees it charges for its genetically modified Bt cotton. *Business Standard*. April 1.

- Jishnu, Latha. 2010b. Battle royal over Bt cotton. *Business Standard*. May 28.
- Jishnu, Latha. 2010c. An odd royalty calculus. *Business Standard*. June 24.
- Jishnu, Latha. 2015. Sangh Parivar groups fighting GM mustard run into a new opponent—Sangh Parivar groups. *Scroll In*. December 7.
- Jurrens, Damion. 2018. MON/BAYN: No decision yet in Brazilian patent fight, Court awaits Monsanto response. January 24.
- Kang, Bhavdeep. 2016. RSS stand on Bt cotton forced government's hand on Monsanto.*The Wire*. March 13.
- Kassai, Lucia. 2005. Monsanto cobra desde já royalties da soja. *Gazeta Mercantil*. August 23.
- Kaveri Seeds. 2015. Temporary thread for clarifications.
- KBB (Karnataka Biodiversity Board). 2010. Forest, Ecology and Environment Dept. no. KBB/BT/77/09–10/ 2004. Bengaluru. March 10. Petition for Special Leave to Appeal no. 7951/2014. Annexure P-7, 136–43. On file with the author.
- KBB (Karnataka Biodiversity Board). 2011. Forest, Ecology and Environment Dept. no. KBB/Bt.B/71/11–12/ 42. Bengaluru. May 28. Petition for Special Leave to Appeal no. 7951/2014. Annexure P-9, 146–49. On file with the author.
- KBB (Karnataka Biodiversity Board). 2012. Proceedings of the 19th board meeting. Bengaluru. January 20. Petition for Special Leave to Appeal no. 7951/2014. Annexure P-14, 213–29. On file with the author.
- Kent, Lawrence. 2007. What's the holdup? Addressing constraints to the use of plant biotechnology in developing countries. *AgBioForum* 7(1–2): 63–9.

- Kloppenburg, Jack. 2004 [1988]. *First the seed: The political economy of plant biotechnology, 1492-2000*. Madison: University of Wisconsin Press.
- Kochupillai, Mrinalini. 2016. *Promoting sustainable innovations in plant varieties*. Berlin: Springer.
- Kock, Michael A. 2021. Open intellectual property models for plant innovations in the context of new breeding technologies. *Agronomy* 11(6).
- Kranthi, Keshav Raj. 2012. Bt cotton: Questions and answers. Mumbai: Indian Society for Cotton Improvement.
- Kranthi, Keshav Raj. 2016. Technology and agriculture: Messed in India! *Indian Express*. July 3.
- Krimsky, Sheldon. 2019. *GMOs decoded: A skeptic's view of genetically modified food*. Boston: MIT Press.
- Krishnakumar, Asha. 2004. Bt cotton, again. *Frontline* 21(10). May 8–21.
- Kurmanath, K.V. 2010. AP fixes royalty for Monsanto cotton seed. *The Hindu Business Line*. May 4.
- Kurmanath, K.V. 2016. Why should we not revoke Bollgard II patent, Centre asks Mahyco Monsanto. *The Hindu Business Line*. March 10.
- Kurmanath, K.V. 2021. "Seed factions" pact will clear agri-tech logjam. *The Hindu Business Line*. July 12.
- Kuyek, Devlin, et al. 2000. ISAAA in Asia: Promoting corporate profits in the name of the poor. *GRAIN Report*. October 25.
- Lakshmikumaran & Sridharan (law firm). 2014a. Re: Indian patent application no. 368/DEL/2006, dated February 10, 2006. May 6. On file with the author.
- Lakshmikumaran & Sridharan (law firm). 2014b. Re: Indian application no. 368/DEL/2006, filed on February 10, 2006. July 2. On file with the

author.

- Lapegna, Pablo, and Tamara Perelmuter. 2020. Genetically modified crops and seed/food sovereignty in Argentina: Scales and states in the contemporary food regime. *Journal of Peasant Studies* 47(4): 700–19.
- Lock, Margaret. 2005. Eclipse of the gene and the return of divination. *Current Anthropology* 46: S47–70.
- Lok Sabha. 2012a. Performance of the Ministry of Environment and Forests. Fifty-seventh report. Public Accounts Committee (2011–2012). Fifteenth Lok Sabha. New Delhi: Lok Sabha Secretariat.
- Lok Sabha. 2012b. Ministry of Agriculture (Department of Agriculture and Cooperation). Cultivation of genetically modified food crops: Prospects and effects. Thirty-seventh report. Committee on Agriculture (2011–2012). Fifteenth Lok Sabha. New Delhi: Lok Sabha Secretariat.
- Lunardi, Soraya, and Dimitri Dimoulis. 2017. O custo social da inércia do STF: Réquiem da ADI 4.234. July 26.
- Mahler, Anne Garland. 2017. Global South. In *Oxford bibliographies in literary and critical theory*, ed. Eugene O'Brien. New York: Oxford University Press.
- Mahyco. 2006. Transgenic brinjal (Solanum Melongena) comprising EE-1 event. Patent application no. 368/DEL/2006, filed February 10, 2006. On file with the author.
- Mahyco. 2013. Statements of objections/Counter affidavit on behalf of the respondent no. 6. In the High Court of Karnataka at Bangalore. WP 41532/2012. June 15. On file with the author.
- Mahyco, Sathguru, and UAS Dharwad (Maharashtra Hybrid Seed Co. Ltd., Sathguru
- Management Consultants Private Limited, and University of Agricultural Sciences Dharwad). 2005. Sublicense agreement. April 2.
- Mahyco and TNAU (Maharashtra Hybrid Seeds Company Limited and

Tamil Nadu Agricultural University). 2005. Material transfer agreement. March 20.

- Manjunatha, B.L., D. U. M. Rao, M. B. Dastagiri, J. P. Sharma, and R. Roy Burman. 2015. Need for government intervention in regulating seed sale price and trait fee: A case of Bt cotton. *Journal of Intellectual Property Rights* 20: 375–87.
- Marden, Emily, R. Nelson Godfrey, and Rachael Manion. 2016. *The intellectual property-regulatory complex: Overcoming barriers to innovation in agricultural genomics*. Vancouver: University of British Columbia Press.
- Massarini, Luisa. 2012. Monsanto may lose GM soya royalties throughout Brazil. *Nature News*. June 15.
- Matthews, Duncan. 2002. *Globalizing intellectual property rights: The TRIPS agreement*. London: Routledge.
- McAfee, Kathleen. 2003. Neoliberalism on the molecular scale: Economic and genetic reductionism in biotechnology battles. *Geoforum* 34: 203–19.
- McCann, Michael. 2004. Law and social movements. In *The Blackwell Companion to Law and Society*, ed. Austin Sarat, 506–22. Oxford: Blackwell.
- McMichael, Philip. 2009. A food regime genealogy. *Journal of Peasant Studies* 36(1): 139–69.
- McMichael, Philip. 2013. *Food regimes and agrarian questions*. Halifax: Fernwood. MDA (Ministério do Desenvolvimento Agrário). 2008. Mais alimentos: Um plano da agricultura familiar para o Brasil. Plano Safra da Agricultura Familiar 2008/09. Brasília: MDA.
- Mehta, Pradeep S. 2006. Of virus, seeds, patent, competition. *The Hindu Business Line*. November 17.
- Ministry of Commerce and Industry. 2002. India and the WTO. A

monthly newsletter of the Ministry of Commerce and Industry 4(5) (May).

- MoEF (Minister of Environment and Forests). 2006. Notification S.O.1911(E). Published in *Gazette of India*, Extraordinary, Part II, Section 3, Sub-section (ii). November 8.
- MoEF (Minister of Environment and Forests). 2009. Notification S.O.2726(E). Published in *Gazette of India*, Extraordinary, Part II, Section 3, Sub-section (ii). October 26.
- MoEF (Ministry of Environment and Forests). 2010a. Decision on commercialisation of Bt-Brinjal. February 9.
- MoEF (Minister of Environment and Forests). 2010b. Clarification on MoEF Notification of October 26, 2009, on biological resources notified as normally traded commodities. February 16.
- MoEF (Ministry of Environment, Forests and Climate Change). 2014. Notification S.O. 3232(E). Published in *Gazette of India*, Extraordinary, Part II, Section 3, Sub-section (ii). December 14.
- Mohan, Vishwa. 2016. RSS-linked group brings all anti-GM NGOs together on one platform to oppose transgenic mustard. *Times of India*. September 30.
- Monsanto. 2003. Comunicado da Monsanto para sojicultores. *Correio do Povo*. September 16. On file with the author.
- Monsanto. 2005. Campanha "Tecnologia Roundup Ready. Você sabe o valor que ela tem." *Correio do Povo*. February 5. On file with the author.
- Monsanto. 2010. Pink bollworm resistance to GM cotton in India. Press release. On file with the author.
- Monsanto. n.d. Acordo geral para licenciamento de direitos de propriedade intellectual da tecnologia Roundup Ready?. On file with the author.
- Montenegro de Wit, Maywa. 2020. Democratizing CRISPR? Stories,

practices and politics of science and governance on the agricultural gene editing frontier. *Elementa Science of the Anthropocene* 8(9).

- Motta, Renata. 2016. *Social mobilization, global capitalism and struggles over food*. London: Routledge.
- Moudgil, Manu. 2017. Every seed makes a political statement. *YourStory*.
- Müller, Birgit. 2006. Infringing and trespassing plants: Patented seeds at dispute in Canada's courts. *Focaal* 48: 83–98.
- Muniz, Mariana. 2018. Após nove anos, STF pauta julgamento de ação sobre patentes de remédios. *JOTA*. July 16.
- NAS (National Academies of Sciences, Engineering, and Medicine). 2016. *Genetically engineered crops: Experiences and prospects*. Washington, DC: National Academies Press.
- NBA (National Biodiversity Authority). 2011a. Proceedings of the 20th Authority Meeting. New Delhi. June 20. Petition for Special Leave to appeal no. 7951/2014. Annexure P-10, 150–68. On file with the author.
- NBA (National Biodiversity Authority). 2011b. Proceedings of the 22nd meeting of NBA. Chennai. November 22. Petition for Special Leave to appeal no. 7951/2014. Annexure P-13, 194–212. On file with the author.
- NBA (National Biodiversity Authority). 2012. Proceedings of the 23rd meeting of NBA. Chennai. February 28. Petition for Special Leave to appeal no. 7951/2014. Annexure P-15, 230–46. On file with the author.
- NBA (National Biodiversity Authority). 2013. Statements of objections filed by the first respondent. In the High Court of Karnataka at Bangalore. WP 41532/2012. Annexure R2. On file with the author.
- NBA (National Biodiversity Authority). 2014. NBA/TechAppl/9/607/13/14–15/ 275. May 2. On file with the author.
- NBPGR (National Bureau of Plant Genetic Resources). n.d.

- Newell, Peter. 2006. Corporate power and “bounded autonomy” in the global politics of biotechnology. In *The international politics of genetically modified food*, ed. Robert Falkner, 67–84. London: Palgrave Macmillan.
- Newell, Peter. 2007. Biotech firms, biotech politics: Negotiating GMOs in India. *Journal of Environment and Development* 16: 183–206.
- Newell, Peter. 2008. Trade and biotechnology in Latin America: Democratization, contestation and the politics of mobilization. *Journal of Agrarian Change* 8 (2–3): 345–76.
- NRC (National Research Council). 1990. *Plant biotechnology research for developing countries.* Report of a panel of the Board on Science and Technology for International Development. Washington, DC: National Academies Press.
- OCGPDT (Office of Controller General of Patents, Designs & Trademarks). 2008. *Manual of Patent Office Practice and Procedure*. Mumbai: OCGPDT.
- OCGPDT (Office of Controller General of Patents, Designs & Trademarks). 2013. *Guidelines for Examination of Biotechnology Applications for Patent*. Mumbai: OCGPDT. *Official Gazette*. 2001. United States Patent and Trademark Office 1247(3). June 19.
- Oh, Cecilia. 2000. TRIPS and pharmaceuticals: A case of corporate profits over public health. *Third World Network.*
- PANAP (Pesticide Action Network Asia and the Pacific). 2012. *India's Bt brinjal battle*. Penang, Malaysia: PANAP.
- Pantulu, C. Chitti. 2006. Seven states take on Monsanto. *DNA India*. June 9.
- Parayil, Govindan. 2003. Mapping technological trajectories of the Green Revolution and the Gene Revolution from modernization to globalization. *Research Policy* 32: 971–90.
- Park, Chan, and Arjun Jayadev. 2011. Access to medicines in India: A

review of recent concerns. In *Access to knowledge in India*, ed. Ramesh Subramanian and Lea Shaver, 78–108. London: Bloomsbury Academic.

- Parthasarathy, Shobita. 2017 *Patent politics: Life forms, markets, and the public interest in the United States and Europe*. Chicago: University of Chicago Press.
- Paschoal, Adilson Dias. 1986. Prefácio do tradutor. In *O escândalo das sementes: O domínio na produção de alimentos*, Pat. Roy Mooney, xiii-xxvi. São Paulo: Nobel.
- Peavey, Tabetha Marie. 2014. Bowman v. Monsanto: Bowman, the producer and the end user. *Annual Review of Law and Technology* 29: 465–92.
- Pechlaner, Gabriela. 2012. *Corporate crops: Biotechnology, agriculture and the struggle for control*. Austin: University of Texas Press.
- Pechlaner, Gabriela, and Gerardo Otero. 2008. The third food regime: Neoliberal globalism and agricultural biotechnology in North America. *Sociologia Ruralis* 48(4): 351–71.
- Pelaez, Victor, and Wilson Schmidt. 2000. A difusão dos OGM no Brasil: Imposições e resistências. *Estudos, Sociedade e Agricultura* 14: 5–31.
- Pelaez, Victor, and Wilson Schmidt. 2004. Social struggles and the regulation of transgenic crops in Brazil. In *Agribusiness and society: Corporate responses to environmentalism, market opportunities and public regulation*, ed. Kees Jansen and Sietze Vellema, 232–60. London: Zed Books.
- Peschard, Karine. 2010. Biological dispossession: An ethnography of resistance to transgenic seeds among small farmers in Southern Brazil. PhD diss., McGill University.
- Peschard, Karine. 2014. Farmers'rights and food sovereignty: Critical insights from India. *Journal of Peasant Studies* 41(6): 1085–108.
- Peschard, Karine. 2017. Seed wars and farmers' rights: Comparative

perspectives from Brazil and India. *Journal of Peasant Studies* 44(1): 144–68.

- Peschard, Karine, and Shalini Randeria. 2020. "Keeping seeds in our hands": The rise of seed activism. *Journal of Peasant Studies* 47(4): 613–47.
- Pollack, Malla. 2004. Originalism, J.E.M., and the food supply, or will the real decision maker please stand up. *Journal of Environmental Law and Litigation* 19: 495–534.
- PPVFR Authority (Protection of Plant Varieties and Farmers' Rights Authority). 2016. List of applications pending due to legal issues. Application status up to June 10, 2016. On file with the author.
- PPVFR Authority. 2019. List of certificates issued up to February 28, 2019. On file with the author.
- Pray, Carl E., and Latha Nagarajan. 2010. Price controls and biotechnology innovation: Are state government policies reducing research and innovation by the ag biotech industry in India? *AgBioForum* 13(4): 197–307.
- Press Information Bureau. 2011. Funding of NBA on BT BRINJAL. Press release. Ministry of Environment and Forests. New Delhi. September 6.
- Purdue, Derrick A. 2000. *Anti-GenetiX: The emergence of the anti-GM movement*. Aldershot: Ashgate.
- RAFI. 1993. Control of cotton: The patenting of transgenic cotton. RAFI communiqué. July-August.
- RAFI. 1997. World's top 10 seed corporations.
- Ramakrishna, S. Monopoly skins: AP's fight against Monsanto. *Down to Earth*. January 31.
- Ramanjaneyulu, GV. 2016. Bt cotton seed prices and royalties—Issues of concern. February 14.

- Rana, Muhammad Hasan. 2021. When seed becomes capital: Commercialization of Bt cotton in Pakistan. *Journal of Agrarian Change*. Advance online publication.
- Randeria, Shalini. 2003a. Domesticating neo-liberal discipline: Transnationalisation of law, fractured states and legal plurality in the South. In *Entangled histories and negotiated universals*, ed. Wolf Lepenies, 146–82. Frankfurt: Campus Verlag.
- Randeria, Shalini. 2003b. Cunning states and unaccountable international institutions: Legal plurality, social movements and rights of local communities to common property resources. *European Journal of Sociology* 44(1): 27–60.
- Randeria, Shalini. 2007. The state of globalization: Legal plurality, overlapping sovereignties and ambiguous alliances between civil society and the cunning state in India. *Theory, Culture & Society* 24(1): 1–33.
- Randeria, Shalini, and Ciara Grunder. 2011. Policy-making in the shadow of the World Bank: Resettlement and urban infrastructure in the MUTP (India). In *Policy worlds: Anthropology and the analysis of contemporary power*, ed. Chris Shore, Sue Wright, and Davide Però, 187–204. New York: Berghahn.
- Rao, Chavali Kameswara. 2013. Charges of "biopiracy" and violation of provisions of the Indian biodiversity act against the developers of *Bt* brinjal. Bangalore: Foundation for Biotechnology Awareness and Education.
- Ravi, Bhavishyavani. 2013. Gene patents in India: Gauging policy by an analysis of the grants made by the Indian Patent Office. *Journal of Intellectual Property Rights* 18: 323–9.
- Reddy, Prashant. 2012. NBA set to prosecute Monsanto's Indian subsidiary: What about Cornell, USAID & the DBT? *SpicyIP*. October 4.
- Reddy, Prashant. 2018a. Delhi High Court's judgment in *Monsanto v. Nuziveedu* delivers a deadly blow to the agro-biotech industry. *SpicyIP*.

April 15.

- Reddy, Prashant. 2018b. Can Monsanto's invention be protected as a plant variety and can it seek benefit-sharing from Nuziveedu? *SpicyIP*. May 15.

- Reis, Maria Rita. 2005. Propriedade intelectual, sementes e o sistema de cobrança de royalties implementado pela Monsanto no Brasil. On file with the author.

- RFB (República Federativa do Brasil). 1996. Law no. 9,279, of May 14, 1996.

- RFB (República Federativa do Brasil). 1997. Law no. 9,456, of April 28, 1997.

- RFB (República Federativa do Brasil). 2003. Medida Provisória no. 131, of September 25. Estabelece normas para a comercialização da produção de soja da safra de 2004 e dá outras providências. Convertida pela Lei no. 10.814, de 15 de dezembro de 2003.

- Riordan, Teresa. 1994. U.S. revokes cotton patents after outcry from industry. *New York Times*. December 8.

- Rodrigues, Roberta L., Celso L.S. Lage, and Alexandre G. Vasconcellos. 2011. Intellectual property rights related to the genetically modified glyphosate soybeans in Brazil. *Anais da Academia Brasileira de Ciências* 83(2): 719–30.

- Roychowdhury, Anumita. 1994. Revoked! *Down to Earth*. March 31.

- Sahai, Suman. 2002. India: Plant variety protection and farmers' rights legislation. In *Global intellectual property rights: Knowledge, access and development*, ed. Peter Drahos and Ruth Mayne, 214–23.

- Basingstoke: Palgrave Macmillan.

- Saldanha, Leo, and Bhargavi Rao. 2011. Monsanto's brinjal biopiracy: A shocking exposé of callous disregard for biodiversity laws in India. *India Law News* 2(4): 26–8.

- Sally, Madhvi, and Karunjit Singh. 2019. Monsanto abused dominant position in India: CCI probe. *Economic Times*. May 22.
- Santilli, Juliana. 2012. *Agrobiodiversity and the law: Regulating genetic resources, food security and cultural diversity*. New York: Routledge.
- Sathguru. 2013. Counter affidavit on behalf of the respondent no. 8. In the High Court of Karnataka at Bangalore. WP 41532/2012. On file with the author.
- Sathyarajan, Sachin, and Balakrishna Pisupati. 2017. Genetic modification technology deployment: Lessons from India. Forum for Law, Environment, Development and Governance. Chennai: FLEDGE.
- Schapiro, Mark. 2018. *Seeds of resistance: The fights to save our food supply*. New York: Hot Books.
- Scoones, Ian. 2006. *Science, agriculture and the politics of policy: The case of biotechnology in India*. New Delhi: Orient Longman.
- Scoones, Ian. 2008. Mobilizing against GM crops in India, South Africa and Brazil. *Journal of Agrarian Change* 8(2–3): 315–44.
- Sease, Edmund J., and Robert A. Hodgson. 2006. Plants are properly patentable under prevailing U.S. law and this is good public policy. *Drake Journal of Agricultural Law* 11: 327–51.
- Sehgal, Rashme. 2015. Thanks to Modi's push, GM mustard set to hit Indian markets. *Rediff*. June 22.
- Sell, Susan K. 2003. *Private power, public law: The globalization of intellectual property rights*. Cambridge: Cambridge University Press.
- Sell, Susan K. 2009. Corporations, seeds and intellectual property rights governance. In *Corporate power in global agrifood governance*, ed. Jennifer Clapp and Doris Fuchs, 186–223. Cambridge, MA: MIT Press.
- Seshia, Shaila. 2002. Plant variety protection and farmers' rights: Law-making and cultivation of varietal control. *Economic and Political Weekly* 37: 2741–7.

- Shah, Esha. 2011. "Science" in the risk politics of Bt brinjal. *Economic and Political Weekly* XLVI: 31–8.
- Shappley, Zachary W., et al. 2009. Cotton Event MON 15985 and compositions and methods for detection. Indian patent 232681, filed December 8, 2003, issued March 20, 2009.
- Shashikant, Sangeeta, and François Meienberg. 2015. International contradictions on farmers' rights: The interrelations between the International Treaty, its Article 9 on farmers' rights, and relevant instruments of UPOV and WIPO. Third World Network and the Berne Declaration.
- Shiva, Vandana. 2016a. Monsanto vs Indian farmers. *Medium*. March 27.
- Shiva, Vandana. 2016b. Clash of civilisations: India's ancient love for nature is losing out to modern disregard for it. *Scroll In*.
- Silva, Diego. 2017. Protecting the vital: Analyzing the relationship between agricultural biosafety and the commodification of genetically modified cotton seeds in Colombia. PhD diss. IHEID.
- Sindicato rural de Passo Fundo-RS. 2009. Pedido liminar. Ação coletiva. Foro Central de Porto Alegre. On file with the author.
- Singh, Kshitij Kumar. 2015. *Biotechnology and intellectual property rights: Legal and social implications*. New Delhi: Springer.
- Slobodian, Quinn. 2020. Are intellectual property rights neoliberal? Yes and no. *Pro-Market*.
- Sood, Jyotika. 2013. Biopiracy case turns intense. *Down to Earth*. February 28.
- Souza Junior, Sidney Pereira de. 2012. Justiça deve estar atenta a abuso de direito de patente. *Consultor Jurídico*. December 20.
- Souza Santos, Boaventura de. 2002. *Toward a new legal common sense: Law, globalization, and emancipation*. London: Butterworths.

- Sridhar, V. 2014. US intervention in Indian agriculture: The case of the Knowledge Initiative on Agriculture. *Review of Agrarian Studies* 4(2): 93–8.
- Stańczak, Dawid. 2017. State-corporate crime and the case of Bt cotton: On the production of social harm and dialectical process. *State Crime Journal* 6(2): 214–40.
- Stone, Glenn Davis. 2002. Both sides now: Fallacies in the genetic-modification wars, implications for developing countries, and anthropological perspectives. *Current Anthropology* 43(4): 611–30.
- Stone, Glenn Davis. 2012. Constructing facts: Bt cotton narratives in India. *Economic and Political Weekly* 47(38). September 22.
- Tansey, Geoff, and Tasmin Rajotte. 2008. *The future control of food: A guide to international negotiations and rules on intellectual property, biodiversity and food security.* London: Earthscan and IDRC.
- Tarrag? Piragibe dos Santos. 2015. Negotiating for Brazil. In *The making of the TRIPS Agreement: Personal insights from the Uruguay Round negotiations*, ed. Jayashree Watal and Anthony Taubman, 239–56. Geneva: World Trade Organization.
- Tosi, Marcos. 2018. Monsanto pode perder patente que rende R$2,3 bilhões por ano. *Gazeta do Povo*. January 26.
- Tubino, Najar. 2013. A lagarta que comeu o agronegócio. *Carta Maior*. April 12. UNI. 2007. Ryotu Sangham urges CM to sell BT cotton seeds at cheaper rates. *One India*. March 17.
- United Nations. 1992. The Convention on Biological Diversity of 5 June 1992. 1760 U.N.T.S. 69.
- United Nations. 1999. *Human Development Report*. United Nations Development Programme. New York: Oxford University Press.
- United Nations. 2018. United Nations Declaration on the Rights of Peasants and Other People Working in Rural Areas. A/C.3/73/L.30.

- UPOV (International Union for the Protection of New Varieties of Plants). 1991. International Convention for the Protection of New Varieties of Plants of December 2, 1961, as Revised at Geneva on November 10, 1972, on October 23, 1978, and on March 19, 1991.

- UPOV (International Union for the Protection of New Varieties of Plants). n.d.

- Van Brunt, Jennifer. 1985. *Ex parte Hibberd*: Another landmark decision. *Nature Biotechnology* 3: 1059–60.

- Van Dycke, Lodewijk, and Geertrui Van Overwalle. 2017. Genetically modified crops and intellectual property law: Interpreting Indian patents on Bt cotton in view of the socio-political background. *Journal of Intellectual Property, Information Technology and Electronic Commerce Law* 8(151): 151–65.

- Venkateshwarlu, K. 2006. Monsanto directed to reduce Bt cotton price. *The Hindu*. May 12.

- Venkateswarlu, Davuluri. 2010. Seeds of child labour—Signs of hope. ILRF/ICN/Stop Child Labour.

- Wattnem, Tamara. 2016. Seed laws, certification and standardization: Outlawing informal seed systems in the Global South. *Journal of Peasant Studies* 43(16): 850–67.

- Wood, Ellen Meiksins. 2000. The agrarian origins of capitalism. In *Hungry for profit: The agribusiness threat to farmers, food, and the environment*, ed. Fred Magdoff, John Bellamy Foster, and Frederick H. Buttel, 23–41. New York: Monthly Review Press.

- World Bank. 2006. *Intellectual property rights: Designing regimes to support plant breeding in developing countries*. Washington, DC: World Bank Agriculture and Rural Development Department.

- WTO (World Trade Organization). 1994. Agreement on Trade-Related Aspects of Intellectual Property Rights. Annex IC to the Marrakech Agreement.

- WTO (World Trade Organization). 1999. Minutes of the meeting of 20–21 October 1999. IP /C /M /25 .
- WTO (World Trade Organization). n.d. TRIPS: Reviews, article 27.3(b) and related issues. Background and the current situation.

法庭案例

- ADI 4234 DF. Ação Direta de Inconstitucionalidade. Supremo Tribunal Federal (2009)
- *Aruna Rodrigues v. Union of India*. Writ Petition (Civil) no. 260/2005
- *Asgrow v. Winterboer*. 513 U.S. 179 (1995)
- *Bowman v. Monsanto*. 569 U.S. 278 (2013)
- *Cotricampo v. Monsanto*. PLP no. 70010740264. Tribunal de Justiça do Rio Grande do Sul. (2005). On file with the author.
- *Diamond v. Chakrabarty*. 447 U.S. 303 (1980)
- *Dimminaco AG v. Controller of Patents*. (2002) IPLR 255
- *ESG v. NBA*. Writ Petition no. 41532/2012. High Court of Karnataka at Bangalore (2012)
- *ESG v. NBA*. Petition for Special Leave to Appeal no. 7951/2014. Supreme Court of India (2014)
- *ESG v. NBA*. Writ Petition no. 41532/2012 (GM-RES-PIL).High Court of Karnataka at Bangalore (2013)
- *Executive Director v. Gridhar*. Writ Petition no. 3390/2009, 2207/2008, and 2493/2010. Bombay High Court (2013)
- *Ex parte Hibberd*. 227 U.S.P.Q. 443 (1985)

- *Govt of AP v. MMB*. I.A. no. 05/2005 RTPE 02/2006. Monopolies and Restrictive Trade Practices Commission (2006)
- *J.E.M. v. Pioneer Hi-Bred*.99–1996(2001)
- *MMB v. The State of A.P*. Civil Appeal no. 2681 of 2006 (SC) (2006)
- *Monsanto v. INPI*. REsp no. 1.359.965—RJ(2012/0271279–4)(2013).
- *Monsanto v. Nuziveedu*. CS (COMM) 132/2016. Delhi High Court (2017)
- *Monsanto v. Nuziveedu*. AIR SC 559 (2019)
- *Monsanto v. Sindicato rural de Passo Fundo*. REsp. no. 1.243.386/RS. Superior Tribunal de Justiça (2012)
- *Monsanto v. Sindicato rural de Passo Fundo*. no. 70049447253 (CNJ: 0251316–44.2012.8.21.7000). Tribunal de Justiça do Rio Grande do Sul (2014)
- *NBA v. UAS Dharwad*. C.C. no. 579/2012 (PCR no. 267/2012). Court of the Chief Judicial Magistrate at Dharwad (2012)
- *Nuziveedu v. Monsanto*. FAO (OS) (COMM) 86/2017 and 76/2017 (2018) *Monsanto v. Schmeiser*. 1 S.C.R. 902, 2004 SCC 34 (2004)
- *Sindicato rural de Passo Fundo v. Monsanto*. no. 001/1.09.0106915–2. Comarca de Porto alegre, 15a Vara Cível (2012)
- *Sindicato rural de Passo Fundo v.* Monsanto. Recurso especial no. 1.610.728-RS (2016/0171099–9).Tribunal Superior de Justiça (2019)
- *UAS Dharwad v. State of Karnataka*. Criminal Petition no. 10002/2013 and 10003/2013. High Court of Karnataka-Dharwad Bench (2013)

附录 A

诉讼案件时间表

抗农达大豆集体诉讼

2009 年 4 月	帕苏丰杜农村工会针对孟山都公司提起集体诉讼
2012 年 4 月	一审判决支持农村工会
2012 年 6 月	高等法院在特别上诉中支持农村工会
2014 年 9 月	二审判决支持孟山都公司
2019 年 10 月	高等法院支持孟山都公司

Bt 棉花性状费纠纷

2015 年 11 月	孟山都公司终止了与努兹维杜公司之间的分许可协议
2015 年 12 月	农业部发布棉花种子价格（控制）令
2016 年 2 月	孟山都公司起诉努兹维杜公司侵犯专利 竞争委员会发布针对孟山都公司的反垄断调查报告
2016 年 5 月	农业部发布《转基因技术协议许可指南与格式草案》
2017 年 3 月	德里高等法院针对专利侵权案做出一审裁决
2018 年 4 月	德里高等法院做出二审裁决，撤销了孟山都公司的专利

2019 年 1 月	印度最高法院将案件发回德里高等法院重申
2021 年 4 月	拜耳-孟山都公司与努兹维杜公司达成庭外和解

Bt 茄子生物剽窃案

2010 年 2 月	印度全国范围内暂停 Bt 茄子商业化
2012 年 11 月	环境支持组织向卡纳塔克邦高等法院提起公益诉讼 印度国家生物多样性管理局、卡纳塔克邦生物多样性委员会针对卡纳塔克邦达瓦德农业科学大学，向卡纳塔克邦高等法院提起刑事诉讼
2013 年 10 月	卡纳塔克邦高等法院裁定原告胜诉
2013 年 12 月	卡纳塔克邦高等法院将公益诉讼移交至国家绿色法庭
2014 年 2 月	被告提起上诉之后，最高法院批准暂停卡纳塔克邦高等法院做出的判决（截至 2021 年仍然处于暂停之中）
2014 年 3 月	环境支持组织向最高法院提交了一份特别许可请愿书，针对把公益诉讼移交至国家绿色法庭的做法提出质疑（截至 2021 年尚未做出裁决）

附录 B

访谈记录

编号	受访人，地点	时间
1	知识产权与竞争法学者，德里	2015 年 11 月 17 日
2	慕尼黑知识产权法中心学者（Skype 访谈）	2015 年 12 月 23 日
3	德里政策研究中心学者，德里	2016 年 1 月 15 日
4A	竞争法律师，德里 *	2016 年 1 月 26 日
4B	竞争法律师，德里 *	2016 年 6 月 4 日
5A	经济学学者，德里	2016 年 1 月 29 日
5B	经济学学者，德里	2016 年 2 月 12 日
6	法律研究人员与活动人士，德里	2016 年 2 月 12 日
7A	环境支持组织协调员莱奥 · 萨尔达尼亚、巴加维 · 拉奥，班加罗尔	2016 年 3 月 31 日
7B	环境支持小组协调员莱奥 · 萨尔达尼亚，班加罗尔	2017 年 3 月 20 日
8A	种业代表（已退休），德里	2016 年 4 月 28 日
8B	印度生物动力协会有机种子倡议协调员，德里	2016 年 4 月 30 日

编号	受访人，地点	时间
9	基因运动主席苏曼·萨海，德里	2016 年 5 月 3 日
10A	产业政策与专利法学者，德里	2016 年 5 月 4 日
10B	产业政策与专利法学者，德里	2018 年 3 月 13 日
11	“农民之路”LVC 农民同盟活动人士，日内瓦	2016 年 5 月 16 日
12	记者，德里	2016 年 5 月 31 日
13	国际环境法学者，德里 *	2016 年 6 月 2 日
14A	粮食主权活动人士，班加罗尔 *	2016 年 6 月 5 日
14B	粮食主权活动人士，德里	2018 年 3 月 16 日
15	刑事律师，班加罗尔 *	2016 年 6 月 7 日
16A	《印度农村》记者，德里	2016 年 6 月 7 日
16B	《印度农村》记者，德里	2018 年 3 月 12 日
17	农业与环境领域记者，德里	2016 年 6 月 7 日
18	环境经济学学者，达瓦德 *	2016 年 6 月 10 日
19	达瓦德农业科学大学行政管理人员（联合访谈），达瓦德 *	2016 年 6 月 10 日
20	环境支持组织协调员莱奥·萨尔达尼亚，班加罗尔 *	2016 年 6 月 13 日
21	种业律师，海得拉巴	2016 年 6 月 20 日
22	环境与农业领域非政府组织，海得拉巴	2016 年 6 月 21 日
23	可持续农业非政府组织，海得拉巴	2016 年 6 月 21 日
24	国际热带半干旱地区作物研究所（ICRISAT），海得拉巴	2016 年 6 月 22 日

编号	受访人，地点	时间
25A	种业协会执行官，德里	2016 年 6 月 24 日
25B	种业协会执行官，德里	2018 年 3 月 12 日
26	印度农民组织主席，海牙	2016 年 10 月 16 日
27	巴西农业研究公司农学家，巴西利亚	2016 年 11 月 1 日
28	众议院农业政策法律顾问，巴西利亚	2016 年 11 月 11 日
29A	农民工会律师内里 · 佩林，巴西利亚	2016 年 12 月 2 日
29B	农民工会律师内里 · 佩林，巴西利亚	2017 年 2 月 22 日
29C	农民工会律师内里 · 佩林，巴西利亚	2017 年 11 月 20 日
30	农业研究中心学者（Skype 访谈）	2016 年 12 月 16 日
31	知识产权与农业法律顾问（Skype 访谈）	2017 年 1 月 16 日
32	前农业部部长，德里 *	2017 年 1 月 25 日
33	工会负责人、诉讼当事人、大豆生产商路易斯 · 费尔南多 · 贝宁卡，帕苏丰杜	2017 年 1 月 25 日
34	工会负责人、大豆生产商，帕苏丰杜	2017 年 1 月 26 日
35	工会负责人、大豆生产商，帕苏丰杜	2017 年 1 月 26 日
36	工会负责人、大豆生产商，弗洛里亚诺波利斯	2017 年 1 月 27 日
37	植物科学家，坎博里乌	2017 年 1 月 30 日
38	个体农民工会律师，巴西利亚	2017 年 2 月 18 日
39	植物科学家、专家证人、学者，巴西利亚	2017 年 2 月 21 日

编号	受访人，地点	时间
40A	知识产权律师，德里 *	2017 年 2 月 21 日
40B	知识产权律师，德里 *	2017 年 2 月 25 日
41	国际环境法律师（Skype 访谈）	2017 年 3 月 2 日
42	知识产权与生物技术学者（联合访谈），德里	2017 年 3 月 14 日
43	农业政策学者，德里	2017 年 3 月 15 日
44	卡纳塔克邦园艺部部长兼园艺科学家，乌杜皮	2017 年 3 月 17 日
45	马图古拉茄子种植者协会经理兼生产者，乌杜皮	2017 年 3 月 17 日
46	村务委员会主席，乌杜皮	2017 年 3 月 18 日
47	农村发展非政府组织受托人，乌杜皮	2017 年 3 月 18 日
48	马图古拉茄子农民，乌杜皮马图	2017 年 3 月 18 日
49	奎师那神庙管理人，乌杜皮	2017 年 3 月 18 日
50	卡纳塔克邦生物多样性委员会前主席，班加罗尔	2017 年 3 月 21 日
51	生物技术产业协会前会长，班加罗尔	2017 年 3 月 22 日
52A	诉讼当事人（主要请愿人），姆豪	2017 年 3 月 23 日
52B	诉讼当事人（主要请愿人），德里	2018 年 3 月 18 日
53	巴西南里奥格兰德州农业工人联盟前主席兼代理人，阿雷格里港	2017 年 5 月 16 日
54	联邦法官，阿雷格里港	2017 年 5 月 16 日

编号	受访人，地点	时间
55	个体农民、工会主席，帕索斯	2017 年 5 月 18 日
56	大豆种植者，帕索斯	2017 年 5 月 18 日
57	大豆种植者，帕索斯	2017 年 5 月 18 日
58	个体农民、工会主席，伊茹伊	2017 年 5 月 19 日
59	大豆种植者，伊茹伊	2017 年 5 月 19 日
60	大豆种植者，伊茹伊	2017 年 5 月 19 日
61	个体农民、工会主席，圣安豪	2017 年 5 月 20 日
62	大豆种植者，科罗内尔巴罗斯	2017 年 5 月 20 日
63	个体农民、工会主席，科罗内尔巴罗斯	2017 年 5 月 20 日
64	大豆种植者，科罗内尔巴罗斯	2017 年 5 月 20 日
65	工人党联邦代理人，巴西利亚	2017 年 8 月 30 日
66	农业部公务员，巴西利亚	2018 年 1 月 8 日
67	Bt 棉花案知识产权律师，德里	2018 年 3 月 14 日
68	印度国民志愿服务团组织领导人，德里	2018 年 3 月 14 日
69	印度国家生物多样性管理局前官员（电话访谈）	2018 年 3 月 15 日
70	国际植物新品种保护联盟法律顾问与技术 / 区域官员，日内瓦	2019 年 4 月 12 日
71	非政府组织知识产权与农业活动人士，日内瓦	2019 年 4 月 12 日
72	世界知识产权组织（WIPO）专利法部门，日内瓦	2019 年 4 月 17 日

编号	受访人，地点	时间
73	巴西农业研究公司农学家，巴西利亚	2019 年 5 月 6 日
74	美国农业部外国农业服务局，巴西利亚	2019 年 5 月 6 日
75	巴西农业研究公司国际关系 / 研发人员（联合访谈），巴西利亚	2019 年 5 月 7 日
76	巴西农业研究公司植物生物技术科学家，巴西利亚	2019 年 5 月 7 日
77	巴西农业研究公司知识产权顾问，巴西利亚	2019 年 5 月 7 日
78	拥有高等法院专业知识的律师（邮件访谈）	2019 年 10 月 1 日

注：星号（*）代表由研究助理开展的访谈。序号字母代表后续访谈。

附录 C

Bt 茄子与国际植物遗传资源管理体系

Bt 茄子案很少涉及《名古屋议定书》和联合国粮食及农业组织的《植物条约》。不过，在了解 Bt 茄子案的过程中掌握这些文件所具有的相关性和产生的影响，有助于理解国际遗传资源管理法律体系的复杂性和模糊性，并有助于解答各类相关问题。比如，开发 Bt 茄子所使用的当地茄子品种是否受到国际体系的约束？谁拥有当地茄子品种的决定权？使用当地茄子品种开发 Bt 茄子时，是否需要征得当地社区的知情和同意？另外，当地社区是否有权参与利益共享？

《名古屋议定书》和《植物条约》在获取途径和利益共享方面的规定存在差别。在《名古屋议定书》框架之下，遗传资源的提供者和使用者需要根据与《名古屋议定书》相关的本国法律进行磋商，签订双边协议。而《植物条约》为了促进粮食和农业植物遗传资源的获取，在国际商定的标准、统一的条件下公平分享利益而创建了一种多边体系。在这种多边体系下，材料可通过《标准材料转让协议》（*Standard*

Material Transfer Agreement）获取。该协议规定了协议各方，也就是具体的供应商和接收人各自的权利和义务。多边体系共涵盖 35 种粮食作物（其中包括茄子）和 29 种饲料作物的遗传资源。《植物条约》多边体系范围之外的植物遗传资源可根据实施了《名古屋议定书》的国内立法进行获取。

Bt 茄子案中的关键问题在于确立案件相关当地茄子品种的法律地位。根据两位《植物条约》专家的观点，这些茄子品种属于由国家进行控制和管理的植物遗传资源，且处于公共领域（不受知识产权权利要求的限制），所以至少在理论上应该纳入多边体系（访谈，30、41）。然而在实践过程中，《植物条约》的灰色地带引发了问题。公立农业大学所保存的种质归国家管理控制，还是属于机构的私有财产，各国情况各不相同。在印度，公立大学所持种质的法律地位缺乏明确规定（访谈，41）。案件所涉及的大学原本可以提交《标准材料转让协议》，但该大学主张遗传材料归本校所有，没有提交协议。有人可能会说，这所大学为这些遗传材料的维护和潜在开发提供了投资，因此可以主张权利。但正是由于该大学将相关材料归为本校财产，才使得最初提供材料的当地社区被排除到各类权利和利益共享请求权之外。

政治因素加剧了相关问题的复杂程度。当时的印度还没有根据《植物条约》进行立法，也没有指定哪些种质纳入多边体系（相关工作于 2014 年完成）。印度与其他一些国家类似，不愿进行立法和指定，因为印度认为本国已经通过国际农业研究中心网络向多边体系贡献了植物遗传资源。在缺乏明确规定且缺乏政治支持的情况下，印度机构不希望由于把国家资源纳入多边体系而承担责任（访谈，30）。

假设公立大学遵守了多边体系的相关规则，转让植物品种的同时将会出现《标准材料转让协议》的转让，国际公私机构联盟将获得 Bt 茄子专利。与此同时，0.77% 的商业销售额将返还给《植物条约》规定下的利益共享基金。如果这些大学遵循了《名古屋议定书》的规定，各大学将通过国家生物多样性管理局事先进行知情意见征询，并与公私机构联盟签订双边协议。在这种情况下，公私机构联盟就需要事先获取相关品种当地社区的知情同意，并与这些社区商定利益共享事宜。

这些大学选择了第三条路线，也就是不顾现行国内法律规定，与国际公私机构联盟签订协议。这种协议没有遵循《名古屋议定书》的双边体系，也没有遵循《植物条约》的多边体系，不属于任何国际法律体系，在知情同意和利益共享方面不承担任何义务。

附录 D

乌杜皮马图古拉茄子案例研究

用于基因工程 Bt 性状改造的 6 个茄子品种里，至少有一个品种得到了妥善记录，也就是乌杜皮的马图古拉茄子（图 D.1）。马图古拉茄子是一种淡绿色的圆形茄子，因口味独特且当地独有而闻名。“古拉”在当地的土鲁语（Tulu）中指的是茄子，马图是卡纳塔克邦沿海地区乌杜皮当地的一个小村庄，距离卡纳塔克邦首府班加罗尔约 400 千米。当地共有大约 200 名农民在马图附近 70 公顷的土地上培育马图古拉茄子。这种当地茄子品种具有厚重的历史、文化和宗教内涵，与拥有 400 年历史的宗教节日 the Paryaya 密切相关。该节日每隔一年于 1 月 18 日在乌杜皮当地的奎师那印度教神庙举办庆祝仪式，标志着寺庙管理权的交接。

一名寺庙管理员讲述了有关马图古拉茄子起源的传说：

过去有一位崇拜马头明王的牧师，名叫斯瓦米·拉贾（Swami Raja），他曾经使用孟加拉鹰嘴豆制成贡品供奉神

图 D.1　马图古拉茄子，印度卡纳塔克邦乌杜皮

像。但一部分信徒认为这位斯瓦米（意为印度教牧师）自己偷吃了贡品，于是在贡品里下了毒。但这位牧师没有丧命，神像反而变成了蓝色。于是信徒意识到，这位斯瓦米吉（对印度教牧师斯瓦米的敬称）没有偷吃，而是马头明王享用了贡品。信徒产生了罪恶感，请求斯瓦米吉为他们提供救赎的机会。斯瓦米吉给了马图人一种特殊的种子，让他们种植这种蔬菜，再使用收获的蔬菜制成贡品供奉马头明王。

神明享用了马图古拉茄子制成的贡品，于是神像表面的蓝色毒药消失了，只在喉咙处留下一个小型的点状痕迹（访谈，49；由寺庙管理员使用卡纳达语讲述，口译员翻译为英语）。

马图古拉茄子的果实呈圆形，表面为淡绿色，带有白色条纹。据说马图古拉茄子茎秆上的小刺可以阻碍果梢蛀虫产卵，在一定程度上可以保护果实免受果梢蛀虫的侵害。马图古拉茄子涩味较少且皮薄，表皮会在烹饪过程中溶解，因而备受赞誉。

当地人提到，马图古拉茄子也可以在其他地区种植，但只有种在马图才会产生一种独特的味道。当地人把这种特点归因于独特的土壤和气候条件。马图古拉茄子的种植地位于印度洋与两条河流（马图河与帕帕纳西尼河）之间的土地上，种植面积 150~200 公顷。根据当地传统，农民（通常也是渔民）使用鱼粪制作堆肥。后来由于原材料价格上升，当地农民转而使用有机堆肥。雨季来临时，当地农民也会种植水稻。这里是印度全国首先受到西南季风影响的地区，茄子的种植时间为 9 月份季风过后，10 月到次年 3 月每两周收获一次。农民把第一批收获的一部分茄子送到神庙里，再留一部分制作种子（市面上没有商用种子，于是农民自行制作种子），最后把剩下的茄子拿到市场上出售。

当印度政府联络卡纳塔克邦当地的农业研究机构，寻找愿意在田地里试验 Bt 茄子的农民时，当地农民才发现马图古拉茄子品种已用于开发 Bt 茄子（访谈，45）。于是当地农民成立了“马图古拉种植者协会”，成员约 150 人。在国家园艺部的支持下，该协会申请将马图古拉茄子认定为地理标志产品（GI）。“地理标志”指的是一种产品的品质和特征与其产地具有内在关联性。2011 年，马图古拉种植者协会获得地理标志（GI 证书编号 No.199）。值得注意的是，为马图古拉茄子品种申请地理标志的做法，其实源自对茄子品种在当地社区不知情或未同意的情况下遭到基因改造的担忧（Bhat and Madhyastha，2007）。地理标志对农民起到的积极作用在于减少了中间商，提升了农民的收入。然而地理标志保护的是品牌名称的商业用途，而不会对有形资源本身起到保护作用，因此无法解决品种获取和利益共享方面的问题（访谈，30）。Bt 茄子的开发人员选择这样一种独特品种的原因仍然有待探讨。不过根据一名园艺科学家的观点，选择马图古拉茄子的原因在于这种茄子的茎秆上长有能够抵御果梢蛀虫的小刺，且果实口味独特（访谈，44）。